巴林右旗与固伦淑慧公主

泰米尔　著

内蒙古出版集团
内蒙古人民出版社

图书在版编目(CIP)数据

巴林右旗与固伦淑慧/泰米尔著．—呼和浩特:内蒙古人民出版社，2014.10

ISBN 978-7-204-13139-6

Ⅰ.①巴…　Ⅱ.①泰…Ⅲ.①满族—婚姻制度—研究—中国—清代　②蒙古族—婚姻制度—研究—中国—清代　Ⅳ.①K892.22

中国版本图书馆 CIP 数据核字(2014)第 236958 号

巴林右旗与固伦淑慧公主

著　　者	泰米尔
责任编辑	巴德日夫
封面设计	哈斯毕力格
出版发行	内蒙古人民出版社
地　　址	呼和浩特市新城区中山东路 8 号波士名人国际 B 座 5 层
印　　刷	内蒙古科技印刷有限责任公司
开　　本	880×1230　1/16
印　　张	4.125
字　　数	150 千
版　　次	2015 年 9 月第 1 版
印　　次	2015 年 9 月第 1 次印刷
印　　数	1— 1000 册
书　　号	ISBN 978-7-204-13139-6/K·664
定　　价	22.00 元

如出现印装质量问题,请与我社联系。联系电话:(0471)3946120　3946173

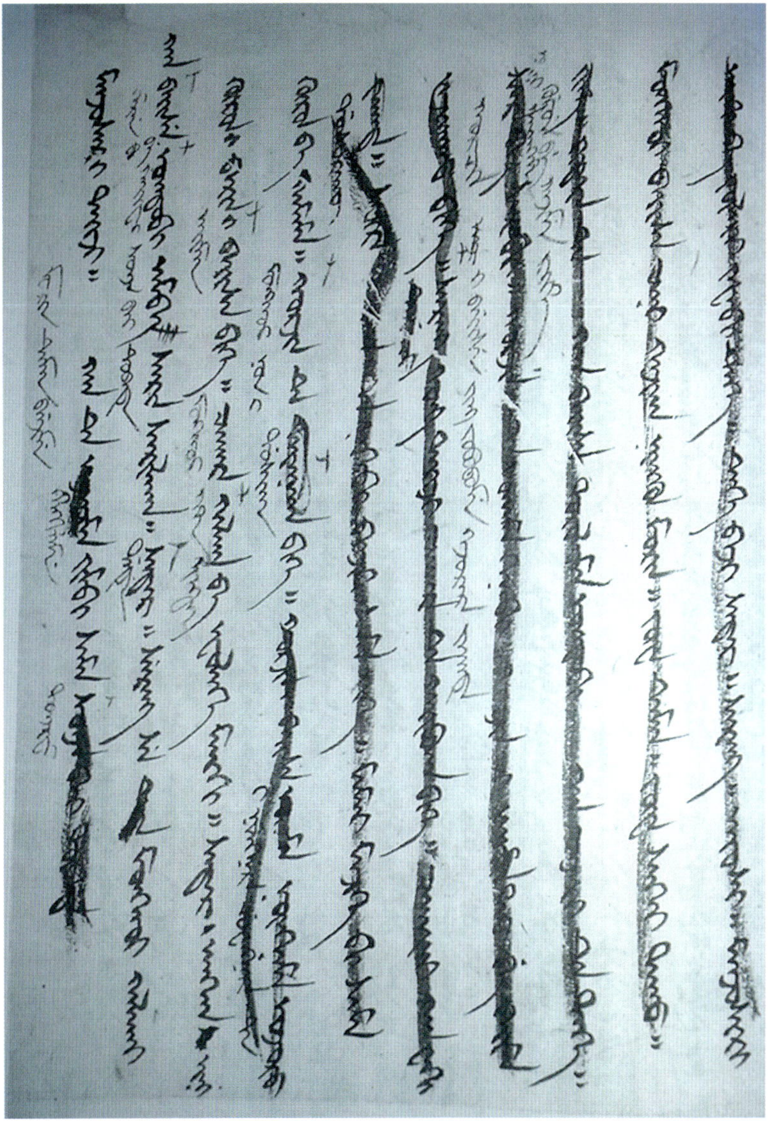

图1　满文原档

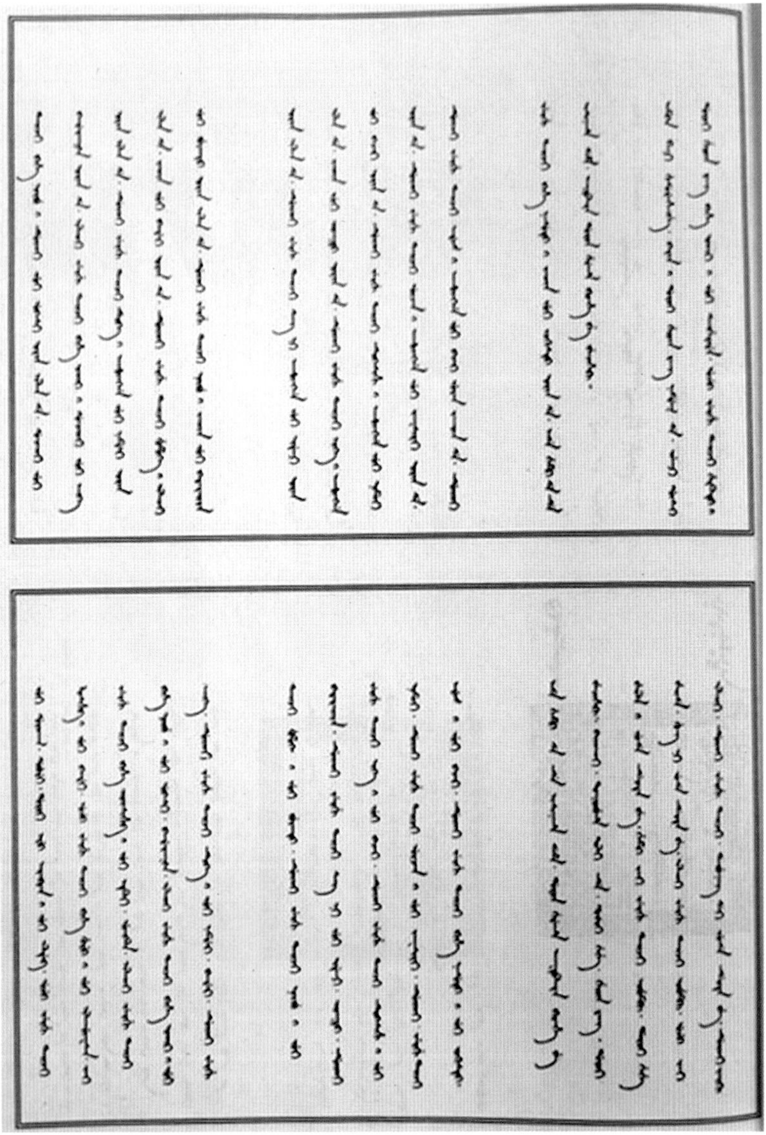

图2　清朝前期理藩院满蒙文题本

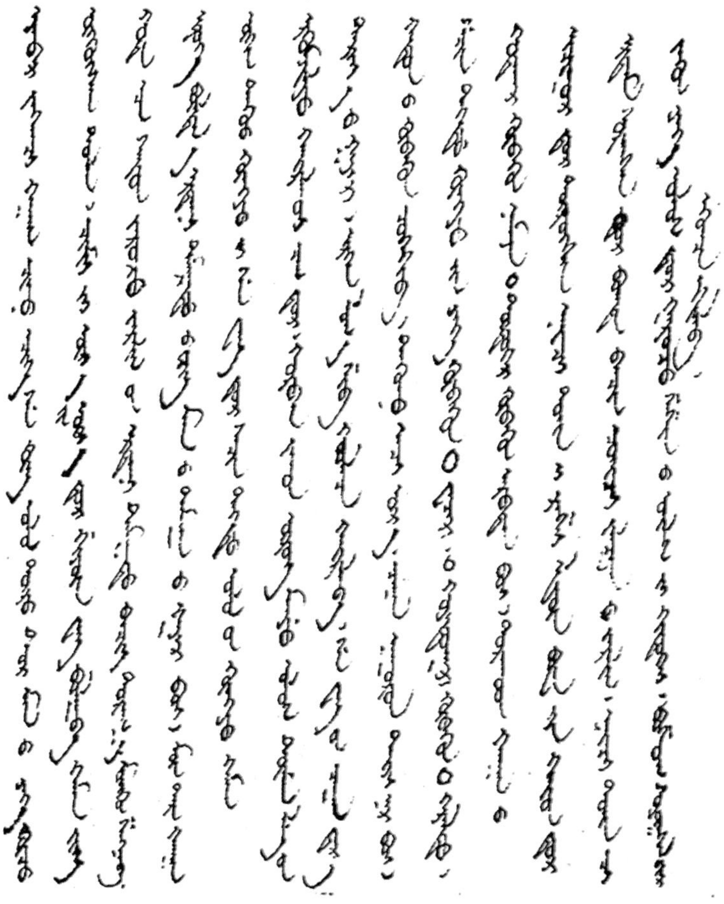

图3　至尊公主妈妈之王公旧氏族谱

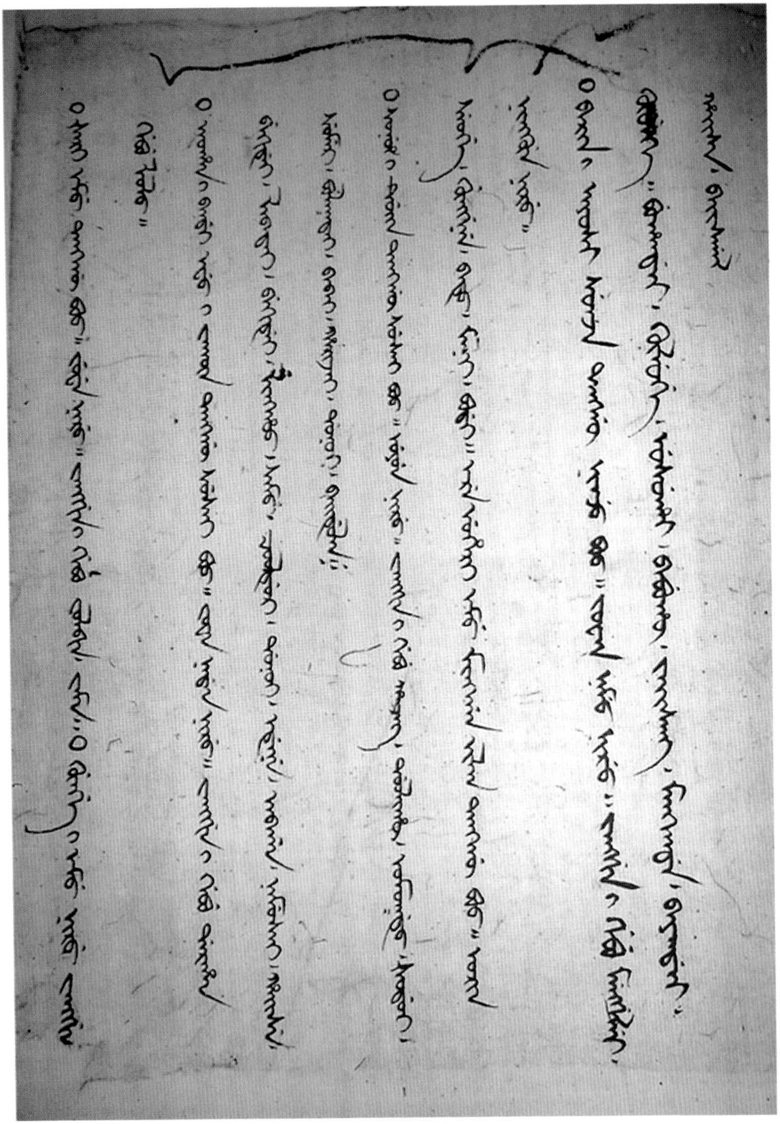

图5　满文原档

图4　沙巴尔台巴林王府（复原后）

图6　西拉木伦河

图7　弘吉剌驻地之益和诺尔苏木

图8　公牛山（巴彦和硕山）

图10　淑慧公主像

图9　淑慧公主陵园

图11　巴林王公的七座坟茔

图12　淑慧公主灵塔

图15　圆会寺遗址

图13　珠腊沁榆木

图14　圆会寺旧照片

图16 荟福寺

图17 位于大板的巴林右旗王府

（本书作者于2014年清明前后在巴林右旗拍摄）

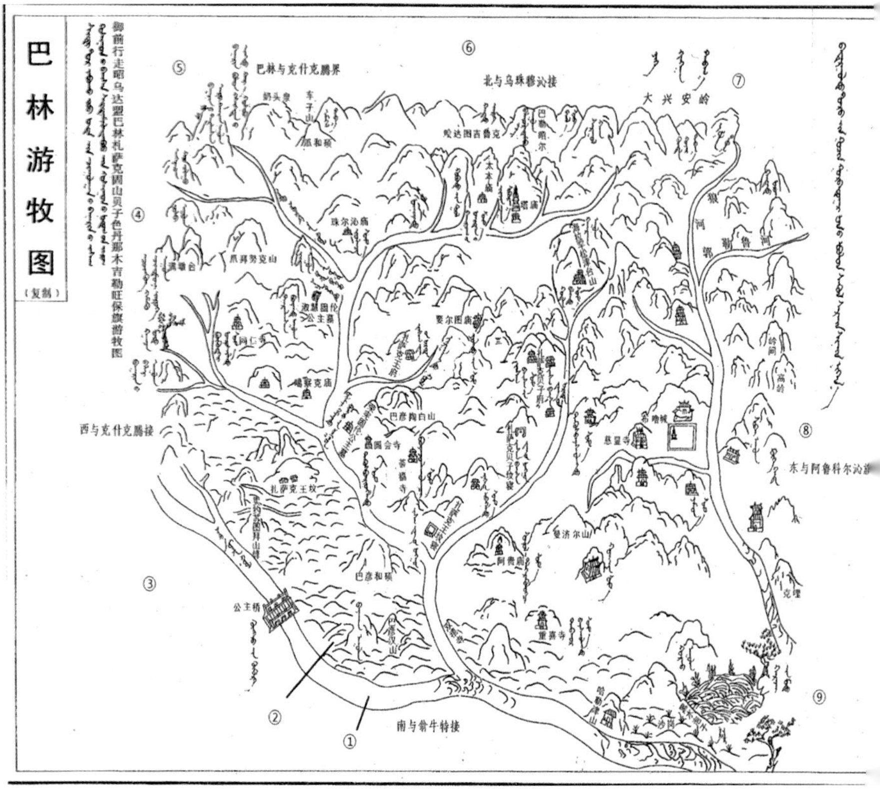

① 西拉木伦河　　　　　　　　⑥ 哈达图吉鲁克

② 巴尔达木哈拉山（今巴彦罕山）⑦ 巴彦乌兰岭（今乌兰达贝）

③ 邁拉索图哈起克　　　　　　⑧ 鄂拜山（今苏贝山）

④ 毕柳图山（今碧流汰）　　　⑨ 马达虎沙地（今塔玛哈芒哈）

⑤ 阿噜亥喇汉山（今阿尔海日罕山）

清代巴林右旗游牧图（引自《巴林右旗志》，地名标号为本书作者所加）

目　录

导　论

长期以来由于蒙古文史料的稀缺，关于清朝满蒙联姻的研究往往局限于几个特定的话题。清皇室与外藩蒙古联姻的时间、部落、人物、人数以及抽象的阶段性变化等问题均为前人研究的对象。由于研究者们单方面利用满汉文史料，从而无法得知清朝公主下嫁外藩蒙古后，联姻如何在蒙旗产生效果。而清代蒙古文史料《至尊公主妈妈之王公旧氏族谱》(erkim degedü güngǰü mama-yin wang noyad-un qaγucin-u ündüsün-ü bičig)的被发现与公开，为填补这样的研究空白提供了可能性。本文欲利用上述史料以及多种满、蒙、汉文史料，对清朝下嫁巴林右旗的淑慧公主本人及其四子家族相关事迹进行考证与论述，从而对满蒙联姻对蒙旗政治以及社会生活所带来的深远影响进行探讨。该研究将成为满蒙联姻研究领域中涵盖政治、民生、宗教生活等多方面内容的一例。

目前国外以满蒙联姻问题为研究对象的论文有美国札奇斯钦的《清代的满蒙联姻》、美国罗友枝的《清代皇室婚姻与统治问题》、日本松村润的《清太宗的后妃》以及日本楠木贤道的《清初入关前汗皇帝与科尔沁部的联姻关系》等。

近年来国内以满蒙联姻为研究对象的著作以及论文陆续问世。如杜家骥的《满蒙联姻研究》一书，对蒙古各部与清廷联姻的史事进行了梳理，对满蒙联姻的制度、阶段性变化及特点进行了阐述，并探讨了满蒙联姻的作用与影响。定宜庄《满族的妇女生活与婚姻制度研究》一书探讨了满族建立统一政权并接受汉文化影响之后婚姻制度和妇女生活的变化。岑大利《努尔哈赤家族与女真各部及漠南蒙古的联姻》、王冬芳《爱新国联姻政策在收服蒙古各部中的作用》、刘潞《清太祖太宗时满蒙联姻考》及《对清太宗时期满蒙联姻的再认识》、庄吉发《清太祖太宗时期满蒙联姻的过程及其意义》、肖锐《浅论清朝的满蒙联姻政策》、王静芳的《清代满蒙联姻的三个阶段及其特点》等论文均从总体上考察了清前期满蒙联姻。

除此之外，从个别案例研究满蒙联姻相关问题的成果有如宝音德力根的《1628 年爱新国贵族与蒙古贵族订立的一份婚约文书》，对爱新国与巴林蒙古贵族之间的一桩婚姻进行了考证。还有布和的硕士学位论文《衙木公主及衙木沁人》论述了淑慧公主胞姐衙木公主与嫩科尔沁左翼弼尔塔噶尔的婚姻关系；郭美兰的《恪靖公主远嫁喀尔喀土谢图汗部述略》探讨了恪靖公主与土谢图汗敦多布多尔济的婚姻。从法律制度角度研究满蒙联姻问题的成果有王树卿的《清代公主》以及李晓莉的《满族皇室婚姻制度研究》等。

乌·纳钦的博士学位论文《蒙古村落多层次信仰一珠腊沁村传说与祭祀民俗个案研究》、玉红的硕士学位论文《赤峰市巴林右旗珠腊沁村特殊祭祀》以及巴·官布扎布的论文《珠腊沁村丧葬习俗》则从民族学的角度研究了巴林淑慧公主的祭祀村落珠腊沁村。

这本书是在研究以下文献史料的基础上写成的。

1.《至尊公主妈妈之王公旧氏族谱》(erkim degedü güngǰü mama-yin wang noyad-un qaγucin-u ündüsün-ü bičig,文中将简称为《旧氏族谱》):目前该文献有两种抄本留传于世。一本是B·呼格吉勒图的抄本,现存于内蒙古图书馆;另一本为纳·赛西雅拉图教授的家传抄本,纳·赛西雅拉图教授在2007年将这份抄本整理并影印出版在自己的文集中。普遍认为该文献成书于18世纪七十年代。

有学者认为该文献系巴林史学家拉西彭楚克所写。但笔者认为该文献并非出自拉西彭楚克之笔。首先,该文献中世系的撰写与拉西朋楚克代表作《水晶念珠》中的世系有所不同,在一些重要的地方与《水晶念珠》内容有出入。例如《水晶念珠》中记载巴林部始祖速把亥诺颜有一子为巴嘎巴图尔。而《旧氏族谱》中的记载与《金轮千辐》相似,称速把亥有二子,为叶赫巴图尔和巴嘎巴图尔。再例如《水晶念珠》记载巴林部塞特尔有一子,为色布腾。而《旧氏族谱》记载塞特尔有二子,长子阿玉石,次子色布腾。通篇此类差别还有多处。其次,该文献的撰写风格与《水晶念珠》有较大的区别。《旧氏族谱》以巴林的淑慧固伦公主为核心人物,记述了巴林王公的祖辈、世系及他们的各种活动。而《水晶念珠》关于巴林部的章节中并没有提及任何一位公主。《旧氏族谱》以交错的方式讲述了巴林右旗的佛教活动和王公的政治活动，其中与巴林右旗佛教历史相关的内容占据一半以上的篇幅，而《水晶念珠》叙述巴林部历史的章节中并没有包含与佛教有关的内容。最后，两部文献对巴林右旗重要事件的讲述有所不同，《旧氏族谱》中记载了许多《水晶念珠》中没有提及的事件，例如巴林部收编弘吉剌余部的事件以及鄂其尔参加镇压布尔尼事件。而《旧氏族谱》中，对于乌尔衮、桑哩达等人赴准噶尔参战过程的叙述没有《水晶念珠》详尽。而两部文献对相同事件的记载也有很大的不同，如对于格哷尔图镇压三藩之乱事件的记载，其地点、经过和格哷尔图的受封情况都不尽相同。

笔者认为，《旧氏族谱》作者对于巴林右旗寺庙的建造过程，其喇嘛活佛的更替情况十分了解，并且对巴林右旗的宗教活动做了详细的记载，其篇幅占据整个文献的一半以上，因此该文献极有可能出自巴林右旗的某位学识渊博的喇嘛之手。

该文献根据内容可以分为两部分：第一部分阐述了巴林色布腾郡王之前的蒙古大汗以及内喀尔喀五部的世系；第二部分是重点部分，涵盖以下内容：⑴淑慧公主的种种事迹；⑵从顺治到乾隆四朝皇帝时期巴林右旗的八任扎萨克（色布腾、鄂其尔、那木达克、乌尔衮、琳布、桑哩达、琳沁、巴图）、另外两位下嫁巴林的公主（荣宪公主、和婉公主）以及数名王公和协理台吉的事迹；⑶巴林右旗最初四座寺庙的历史、上层喇嘛的更替及其事迹、清初巴林右旗宗教活动；⑷有关清初巴林右旗社会文化生活的信息，其中有淑慧公主以及巴林几代王公的墓地、封巴彦汗山和巴彦套白山为圣山的经过、巴林右旗首次那达慕、邀请呼和浩特小召寺喇嘛到巴林右旗教跳查玛等。另外值得一提的是，该文献较准确地反映了巴林王公的世系，补充了《水晶念珠》和《金轮千辐》等蒙古文文献的遗漏。

除《旧氏族谱》，巴林右旗还有一部名为《红格书》(ulaγanšoγumtu bičig)的文献留传。传说该文献用毛笔写于红色格子纸上。但其原版已经丢失，如今只有后人的转抄本。《红格书》的内容与《旧氏族谱》非常相似，写作风格几乎相同，多处语句与《旧氏族谱》完全一致，其停笔处与《旧氏族谱》为同一年代。《红格书》的语言与《旧氏族谱》相比更为现代，应为民国时期的文献。可以看出《红格书》几乎全盘复制了《旧氏族谱》的内容，对其语句稍作了改动。本论文在利用《旧氏族谱》的同时，对《红格书》做了一定程度的参照。

2.《玉牒》:藏于中国第一历史档案馆的清代各类《玉牒》共有 2600 余册。它对清代的皇族户籍、典章制度、宫廷历史以及人口学方面的研究都有重要的史料价值。其中第 123 号《列祖女孙直档玉牒》中记载了清代皇女的出生次序、封爵、受职、生卒时间、婚嫁以及额驸的姓名封爵生卒时间等情况。《玉牒》分《大玉牒》和《小玉牒》。笔者利用的资料为《小玉牒》缩微胶卷，在册内可以标注、涂改，夹签。《小玉牒》规格为 54×31 厘米，厚度在 10 厘米左右。《小玉牒》为《大玉牒》稿本，因此其研究价值并不亚于《大玉牒》。

3.《康熙朝满文朱批奏折全译》:此文献收录了两条与淑慧公主有关的康熙皇帝朱批奏折。文献对了解公主及清皇室的关系有一定的参考价值。

4.《清朝前期理藩院满蒙文题本》:其中有清前期对巴林右

旗王公封爵的题本。对于了解巴林右旗公主、郡王、郡主、县君子孙以及其他台吉子孙的封爵情况有很高的价值。

5.《满文原档》:《满文原档》是已知存世最早的一部满文历史文书,以初创的无圈点老满文为主要载体,记事始于1607年。这部记录满族入关前历史的文书,保存了档案的原生性,与乾隆年间的重抄本大为不同。笔者从《满文原档》发现了巴林部投附爱新国时的历史新内容,并对其进行了拉丁文转写和注释。

6.(清)《圣祖仁皇帝御制文集》,四库全书文渊阁本:此《文集》中收录了康熙皇帝为淑慧公主所写的祝寿诗以及康熙皇帝写给淑慧公主的一封信。文献对了解康熙与公主的关系有一定的参考价值。

7.《清皇室四谱》:作者唐邦治。该文献为作者在1914年任职清史馆期间利用《玉牒》等史料撰写的一部清朝皇室家谱。书中有淑慧公主的小传。作者在序言中称该书小传部分取自实录、本纪、列传、大清会典等其他史料。

8.《水晶念珠》:成书于1774—1775年。作者巴林右旗协理台吉拉西彭楚克,有六种不同抄本留传。该文献是一部内容丰富的编年史,除了包括蒙古族源、蒙古汗统源流、从成吉思汗至林丹汗之子的事迹以及清代蒙古诸部王公世系等内容,更可贵的是书中记载了巴林王公的许多事迹,这对本文很有参考价值。

9.《金轮千辐》:成书于1739年,也是一部蒙古编年体史书。作者为扎鲁特右旗答哩麻ᠣ固什,有三种不同抄本留传。该书中巴林、弘吉剌部首领世系的部分将为本论文提供重要的信息。

10.《格呼格坚赞传》(širegetü güüxiri čoisrče iǰaγur-un

blam-a dege-ligs-rgǰlamzan sayin čoγtu-yin gegen-ü namtar süsüg-ün egüden-i negegči kemekü orosiba):该文献是巴林部拉西朋楚克所写的一本传记。该书成书时间为1772年,主要记录了巴林右旗扎萨克喇嘛格吗格坚赞一生的事迹。该文献对于了解清代巴林右旗佛教史有着重要的价值。

11.《钦定外藩蒙古回部王公表传》:清乾隆年间编撰。与巴林部王公相关的内容包括巴林部郡王亲王表、固山贝子表、巴林部总传(含淑慧公主小传)、色布腾郡王列传、固山贝子额驸德勒克列传等。《王公表传》中的巴林王公世系存在明显的遗漏,因而必须对比上述几种蒙古文文献对其进行补充。

12.《钦定续纂外藩蒙古回部王公表传》:武英殿本,记载了乾隆之后的巴林王公世系。

13.《清实录》:《清史录》是清代官修的编年体史料长编,是研究清代历史不可缺少的史料。《清史录》中记录了淑慧公主最初下嫁巴约特部恩格德尔子索尔哈及后再下嫁巴林部色布腾的经历,亦有额驸的封爵、巴林王公上朝廷觐见的史事以及淑慧公主来往于巴林和京城之间的史事;还记载了淑慧公主进京照料病重的孝庄太后的事迹和康熙皇帝在淑慧公主的病床边看着她去世的情景。康熙皇帝在淑慧公主死后发布的一道谕旨也被收录于《清实录》中。

14.《清史稿·公主表》:《清史稿》是民国初年由北洋政府设馆编修的记载清朝历史的正史——《清史》的未定稿。《公主表》记载了淑慧公主的生辰、封爵、受职、生卒时间、婚嫁以及额驸的姓名封爵生卒时间等情况。

15.《康熙帝御赐三道祭文》:此三道祭文被收录于张穆的《蒙古游牧记》,于淑慧公主之事颇多赞誉,此文献对了解公主的事迹及康熙与她的关系有一定的参考价值。

16.《孛儿只斤塔本浩特族谱》:该族谱为巴林部弘吉剌八苏木博尔济吉特氏

塔本浩特家族后裔孟和巴雅尔所藏族谱。该族谱记载了弘吉剌部编入巴林的历史,尽管存在一定的虚构成分,但其珍贵之处在于详细记录了弘吉剌八苏木在巴林右旗的驻地。

研究方法上,主要利用历史文献研究方法,在搜集相关蒙、汉、满文文献及研究成果的基础上进行比较分析、甄别真伪,对一些有争议的史事使用考据方法进行考订。在搞清相关史事的基础上进行综合,较完整客观地论述淑慧公主这一位极具代表性的特殊历史人物在巴林右旗一生的史迹、历史作为以及重要影响。

把淑慧公主的史迹放在满蒙联姻乃至清朝满蒙关系的大体系中考察,既要阐明淑慧公主个人在清朝对巴林部政策大局中起到的重要作用,还要通过她的个案管窥满蒙政治联姻中公主下嫁的整体情况。

结合使用人类学田野调查的方法,广泛搜集整理口述史资料,与文献研究相结合,以使我们的论述更接近于历史的真面貌。

第一章
清皇室与巴林右旗的联姻

第一节　清皇室与巴林右旗的联姻

一、爱新国与巴林部的联姻

历史上许多中原汉王朝和不同民族王朝都利用过和亲的手段来处理与周边民族的关系。昭君出塞的故事妇孺皆知。鲜卑、契丹等政权利用嫁公主以境外最高统治者来作为一种笼络手段。突厥与西魏、隋朝、波斯、高昌、龟兹等国均保持过政治联姻关系。

利用联姻来建立同盟关系并获得支持力量是努尔哈赤惯用的手段。早在与蒙古人联姻的政策出台以前，女真人就已与明与朝鲜联姻。在统一建州女真的过程中，努尔哈赤将联姻手段应用到了诸多酋长和贵族子弟身上并取得了成功，诸如有爱新国开国功臣何和礼[1]、费英东[2]、扬古利[3]等。

爱新国对蒙古实施了同样的策略。1612 年，五十四岁的努尔哈赤“闻蒙古国科尔沁贝勒明安之女甚贤，遣使往聘。明安许焉。送女至，上具车服以迎，筵宴如礼”[4]。此举首开满蒙联姻的先河。此后，满蒙之间联姻不断，一直延续到清末。但清朝与蒙古各部之间的联姻，与历史上任何朝代的和亲不同，其具有长期持续、人数庞大、地域广泛、与特定氏族联姻的特点。清朝与蒙古的联姻持续了长达 300 年的时间，总人数多达 595 人次，所涉及的蒙古部落包括科尔沁、敖汉、巴林、奈曼、翁牛特、喀喇沁、土默特、阿鲁科尔沁、察哈尔、阿巴亥（阿巴嘎）、苏尼特、乌珠穆沁、漠北喀尔喀、西套阿拉善与准噶尔部，所联姻的氏族仅限于蒙古黄金家族和乌梁海氏[5]。

巴林部与清朝的联姻始于 1627 年（天聪元年），巴林部色棱娶爱新国镶红旗主岳托贝勒第三女郡君，为多罗额驸[6]。色棱为

---

① 何和礼（1561－1624），董鄂氏，爱新国开国五大臣之一。1586 年，任栋鄂部首领。1588 年夏四月，何和礼率本部军民归附努尔哈赤，努尔哈赤以长公主妻之。见《清太祖实录》卷二，戊子年夏四月甲寅朔条。

② 费英东（1562－1620），瓜尔佳氏，爱新国开国五大臣之一。1588 年，费英东随父索尔果率领本部五百户归顺努尔哈赤，努尔哈赤以皇子阿尔哈图土门贝勒褚英女妻之。见《清太祖实录》卷七，天命五年丙戌条。

③ 扬古利（1572－1637），舒穆禄氏，其父为库尔喀部首领，率先归附努尔哈赤，努尔哈赤命扬古利入侍，后妻以女。见《满洲实录》卷八，六月二十七日条。

④ 《清太祖实录》卷四，太祖朝壬子年春正月丙申朔条。另见《清朝太祖太宗世祖朝实录蒙古史史料抄》第 27 页。

⑤ 杜家骥：《满蒙联姻研究》，人民出版社，2003 年 9 月，第 3－5 页。

⑥ 《玉牒》记载色棱于天聪元年二月娶岳托贝勒女为妻（详见杜家骥《满蒙联姻研究》第 71 页《清朝与巴林蒙古联姻总表》），《钦定外藩蒙古回部王公表传》，四库全书文渊阁本，卷二十八《固山贝子色棱传》记载色棱于天聪二年尚郡主，乃有误。

速把亥孙额布格岱之子，是巴林部实力派人物，卒于 1642 年（顺治二年），追封固山贝子[①]。

1627 年（天聪元年），由于林丹汗既破内喀尔喀，塞特尔、昂阿等巴林部首领率部投奔了嫩科尔沁。1628 年（天聪二年）一月，巴林部首领塞特尔娶爱新国四大贝勒之一阿敏的养女[②]。至此，巴林部实际首领塞特尔以及第二首领色棱均成为了爱新国的额驸。同年 4 月，巴林部由于不堪科尔沁的扰害，在塞特尔和色棱的带领下举部投附爱新国[③]。塞特尔投附爱新国后，为了与其建立更亲密的关系，于 1629 年（天聪三年）又将女儿回嫁给贝勒阿敏。此后双方关系一直稳定，巴林蒙古成为满清忠实的盟友和稳固的后方。

综上所述，爱新国与巴林部的联姻总共有三次，如表 1 所示：

表 1　爱新国与巴林部联姻

年月	婚姻双方
1627 年（天聪元年）二月	岳托贝勒第三女嫁巴林部色棱
1628 年（天聪二年）一月	舒尔哈齐子阿敏养女嫁巴林部塞特尔贝勒
1629 年（天聪三年）	巴林部塞特尔之女嫁贝勒阿敏

① 7《钦定外藩蒙古回部王公表传》卷二十八《固山贝子色棱传》。

② 《玉牒》记载阿敏嫁长女于塞腾礼（即塞特尔）（详见杜家骥《满蒙联姻研究》第 71 页《清朝与巴林蒙古联姻总表》）。宝音德力根教授经考证得出嫁给塞特尔的不是阿敏的长女，而是养女，这桩婚姻后来成为皇太极降罪阿敏时所列的十六条罪状之一。参见宝音德力根：《1628 年爱新国贵族与蒙古贵族订立的一份婚约文书》，载 Questions Mongolorum Disputatae（QMD）期刊，2006 年第 2 期。

③ 《满文原档》台湾故宫博物院出版，2006 年。第 6 册，第 249—251 页。

如果说前两桩婚姻是爱新国有意拉拢亲近内喀尔喀的巴林部，并最终使其彻底投附爱新国的重要手段，那么在第三桩婚姻时巴林部已开始主动嫁女予爱新国贝勒以巩固双方的关系。这三桩婚姻奠定了清廷与巴林蒙古联姻的基础。从那以后，清皇室与巴林部黄金家族之间持续了长达280年的联姻关系。

二、清廷与巴林右旗间的联姻

入清后，清朝与巴林右旗的婚姻有着双重的意义。一方面，清朝开始嫁女以赏赐归附的巴林部蒙古贵族。另一方面，清皇室要通过联姻的方式来加强与巴林蒙古黄金家族之间的血亲关系，以此来使其成为清朝皇家亲族的一员和可靠的左膀右臂。有清一代，有三位公主级别的皇家女下嫁巴林右旗。她们分别为皇太极第五女淑慧公主、康熙第三女荣宪公主以及和亲王宏昼长女和婉公主。三名公主之外，还有多名皇家女嫁到巴林右旗，她们都是郡主、县主、郡君、县君级别的皇家女。清皇室与巴林右旗联姻关系，相对其他蒙旗比较紧密，除公主之外，下嫁巴林的皇家女与皇帝的血缘关系也比较近。

入清后清皇室与巴林右旗的第一桩联姻，便是淑慧公主与色布腾的婚姻。1648年(顺治五年)二月，以固伦淑慧公主下嫁巴林部色布腾[1]。这桩婚姻使清朝与巴林部的关系向前推进了一大步。其影响涉及到巴林右旗的政治与社会生活的方方面

---

[1] 《清世祖实录》卷三十六，顺治五年二月辛卯条。另见《清朝太祖太宗世祖朝实录蒙古史史料抄》第710页。

面。这一点我们将在后文中加以叙述。

淑慧公主与色布腾有子四人，分别为鄂齐尔、格呼尔图、纳木扎、阿拉布坦（但色布腾长子却扎布非淑慧公主所生，为色布腾蒙古福晋所生）。有清一代巴林右旗的满蒙联姻多为皇室与淑慧公主子孙的联姻。1663 年（康熙二年）三月，清朝嫁格格予色布腾第五子阿拉布坦[①]。阿拉布坦与这位格格的关系似乎并不融洽，后面将对此进行详述。1691 年（康熙三十年）二月，阿拉布坦子齐达齐娶镇国将军苏努第十女[②]。

色布腾次子（淑慧公主长子）鄂齐尔一系承袭了巴林右旗扎萨克爵位。1672 年（康熙十一年），鄂齐尔长子纳木达娶贝子彰泰第三女，又于 1717 年（康熙五十六年）将女回嫁给彰泰之孙诗人文昭。康熙末年，文昭又娶纳木达女，以嫡妻之妹为继妻。1691 年（康熙三十年）六月，鄂齐尔次子乌尔衮娶康熙帝第三女荣宪公主（在巴林右旗荣宪公主被称为“二公主”），成为清朝额驸。乌尔衮与荣宪公主所生女又回嫁皇侄显亲王衍潢。1692 年（康熙三十一年）四月，色布腾第四子（淑慧公主第三子）那木扎娶庄亲王博果铎长女。1693 年（康熙三十二年）十一月，色布腾第三子（淑慧公主第二子）格呼尔图长子那木聪娶平郡王罗可多第二女。1719 年（康熙五十八年）五月，荣宪公主之子，巴林右旗扎萨克郡王琳沁娶公主之弟贝子允禟第二女为妻[③]。

---

① 参见杜家骥《满蒙联姻研究》第 71－74 页《清朝与巴林蒙古联姻总表》。

② 同上。

③ 参见杜家骥《满蒙联姻研究》第 71－74 页《清朝与巴林蒙古联姻总表》。

第三位也是最后一位出嫁巴林部的公主级别的皇家女是和亲王弘昼长女和婉公主，嫁琳沁长子德勒克。后公主与额驸一直住在京城。德勒克于 1760 年（乾隆二十五年）一月继娶弘易第四女为妻，德勒克无子，以侄塞尚阿为嗣子，塞尚阿又娶乾隆孙女仪亲王永璇长女为妻。1775 年（乾隆四十年），皇帝将琳沁次子巴林右旗扎萨克郡王巴图长女赐婚贝勒绵惠[①]。1906 年（光绪三十二年十二月），巴林右旗最后一位扎萨克郡王扎嘎尔道尔吉娶慈禧太后侄女[②]。这是清时期巴林右旗最后一桩满蒙联姻[③]。

清时期巴林右旗的满蒙联姻中，两个家庭互相嫁娶的情况很普遍，于是频频出现了三、四、五代以内旁系血亲近亲结婚的现象（表 2）。但这并不是仅存在于巴林右旗的特殊现象，其他蒙旗的满蒙联姻也同样如此。世婚作为满族与蒙古族

表 2　清皇室与巴林右旗联姻情况

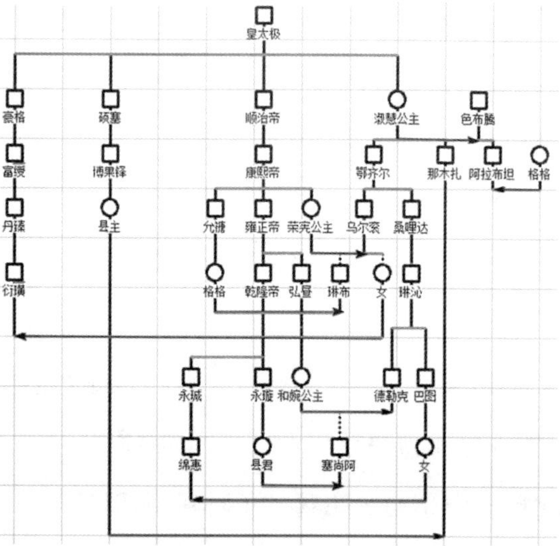

① 14 同上。
② 同上。
③ 同上。

在历史上共有的一种婚姻现象，贯穿于整个满蒙联姻的历史进程之中。

第二节　淑慧公主其人

一、淑慧公主及其两段婚姻

淑慧公主，满语写作 sure wesihun gurun-i gungju. 蒙古语写作 sečen degedü gürün günǰ，在《玉牒》中被写作“太宗文皇帝第五女淑慧固伦大长公主”①。“固伦”表示公主的等级。1636年（崇德元年）四月建中宫、东宫、西宫、次东宫、次西宫等“五宫”，规定皇帝之女，中宫所出者封“固伦公主”，品级相当于亲王；妃、嫔所出者及中宫抚养宗室女下嫁者，均封和硕公主，品级相当于郡王②。淑慧公主为孝庄文皇后所生，因此是固伦公主，“淑慧”为公主的封号。封号需要由礼部奏请，皇帝钦定。乾隆以前，公主封号加在等级之后，为“固伦淑慧公主”，嘉庆朝开始，

---

① 《小玉牒》，清代谱牒档案《列祖女孙》玉 123 号，中国第一历史档案馆藏。《玉牒》为清朝皇族谱系文献，于顺治十二年十月二十五日定纂修《玉牒》之制，由宗人府另立玉牒馆进行纂修。方法以帝系为统，以长幼为序。基本上每十年一修，登记人口约十五万人，是世界上最庞大的家谱。（康熙）《大清会典》载：顺治九年，设宗人府，以和硕亲王或多罗郡王总领府事。多罗贝勒为左宗正。固山贝子为右宗正。镇国公或辅国公为左右宗人。掌皇族之属籍。以时修辑玉牒。记载宗室子女嫡庶名封生卒婚嫁謚葬等事。（康熙）《大清会典》卷一《宗人府》，《近代中国史料丛刊三编》，台北文海出版社。

② （康熙）《大清会典》卷一之二，《宗人府》载：中宫所生女为固伦公主。庶妃所生女为和硕公主。亲王女为和硕格格。郡王女为多罗格格。贝勒女为贝勒多罗格格。贝子女为固山格格。公女为公格格。若中宫抚养下嫁者亦称为和硕公主。

公主的封号改观冠前，为“淑慧固伦公主”。中原王朝在汉代时已明确规定，皇帝的姊妹称为长公主，皇帝的姑姑称大长公主。这个称谓历代相沿，直到清朝。淑慧公主为康熙皇帝的姑姑，因此称大长公主。

《玉牒》记载，淑慧公主为“天聪六年壬申正月初八日午时孝庄文皇后科尔沁博尔济吉特氏寨桑贝勒之女所出”[①]即生于公元1632年2月27日11－13点，孝庄文皇后所生。孝庄文皇后与皇太极共有四个子女，包括皇太极第四女雍穆公主、第五女淑慧公主、第七女端献公主和第九子福临。由于女孙的名字不得出现在玉牒上，我们无法从玉牒得知上述三位公主的名字。但是从《清皇室四谱》(下文简称为《四谱》)、《清史稿・公主表》等文献中可以得知，第四女雍穆公主名为雅图，而第五女淑慧公主名为阿图。满语中雅图 yatu 意为丫头，推测阿图 atu 为 yatu 的谐音，也是丫头之意。淑慧公主的出生日月时辰，其玉牒中的记载与雍穆公主完全相同，而《四谱》、《清史稿・公主表》等史料中均记载为“天聪六年二月”。此外玉牒中淑慧公主的卒年也与《清实录》、《四谱》以及公主墓圹志文的记载不同，根据圹志文，淑慧公主的卒年为1700年(康熙三十九年)正月初十[②]。对比玉牒中皇太极其他十三女的生辰，无论嫡出庶出，均与《四谱》完全相同，唯淑慧公主的生辰与卒年记载与其他史料不同。疑《玉牒》

① 《小玉牒》，清代谱牒档案《列祖女孙》玉123号，中国第一历史档案馆藏。

② 巴林右旗文史资料委员会：《巴林右旗文史资料第一辑》，内部印刷，1985年9月，第125－126页。

对淑慧公主生卒年记载有误。

《四谱》载，淑慧公主于顺治十四年封固伦长公主。顺治十六年十二月封和顺长公主，又于康熙时期改封淑慧固伦大长公主[1]。

淑慧公主共有过两段婚史。推测两次结婚对象均为其母孝庄皇太后所安排。虽然第一段婚史《玉牒》不载，但对于清朝来说这是一桩重要的政治婚姻。《清实录》中留下了关于这段婚姻的蛛丝马迹。

1641年（崇德六年）正月，“以第五女固伦公主许本国额驸恩格德尔之子索尔哈，行初聘礼，设宴。”[2]此处第五女指皇太极第五女即淑慧公主，“本国恩格德尔之子索尔哈”指的是曾经的内喀尔喀五部中实力雄厚的巴约特部的首领恩格德尔的儿子。

恩格德尔在很早的时候就开始亲近努尔哈赤，得到了爱新国的信任。1605年（乙巳年），恩格德尔来朝献马20匹。第二年，恩格德尔向努尔哈赤进献驼马，尊努尔哈赤为神武皇帝[3]。1617年（天命二年）二月，以舒尔哈齐之女妻恩格德尔[4]。恩格德尔成为了爱新国的额驸。这是努尔哈赤首次嫁女于蒙古贵族。爱新国极其重视恩格德尔，因为巴约特牧地在西辽河以南，首领恩格德尔的营地与铁岭很近，爱新国与内喀尔喀五部的交

---

① 唐邦治:《清皇室四谱》卷四《皇女·清太宗皇五女固伦淑慧长公主》，《近代中国史料丛刊·初编·第八集》台北文海出版社，1966年。

② 《清太宗实录》卷五十四，崇德六年春正月丙申条。另见《清朝太祖太宗世祖朝实录蒙古史史料抄》第547页。

③ 《清太祖实录》卷三，丙午年冬十二月乙未朔条。另见《清朝太祖太宗世祖朝实录蒙古史史料抄》第24页。

④ 《满文原档》，第一册，第74页，

流经常通过恩格德尔完成。笼络巴约特部对爱新国有着极重要的战略意义。1621 年（天命六年）五月，恩格德尔之弟蒙果尔台吉率部来投爱新国[①]。1624 年（天命九年），恩格德尔举部投附了爱新国，努尔哈赤发出："黄天眷佑、以恩格德尔为我子。倘不恩养，必受上天谴责"的誓言。恩格德尔也发誓永不抛弃其汗父，如若"心向蒙古国而不以汗父之好恶而待之，必受上天责罚"[②]。此后，巴约特部逐渐被编入八旗，所以恩格德尔成为"本国额驸"。1636 年（崇德元年）恩格德尔病故后其子额尔克戴青袭职[③]。其弟索尔哈[④]于 1636 年（崇德元年）五月袭兄额尔克戴青的三等甲喇章京[⑤]。爱新国在恩格德尔去世后继续以嫁女的方式恩赏和怀柔恩格德尔子孙，将淑慧公主许给其子索尔哈。

在淑慧公主与索尔哈的订婚仪式上，"自和硕亲王以下甲喇章京以上，俱集，上御崇政殿。和硕额驸额尔克戴青、昂邦章京莽古尔岱、甲喇章京满朱锡礼，率索尔哈行三跪九叩头礼。"宴会结束后，索尔哈献驼马，皇帝"酌纳之"[⑥]。订婚礼结束。两年后，1643 年（崇德八年）皇太极正式"以第五女固伦公主下嫁内大臣

---

① 同上，第二册，第 96 页。

② 《满文原档》第五册，第 23—24 页。

③ 《清太宗实录》卷二十九，崇德元年五月己巳条。见《清朝太祖太宗世祖朝实录蒙古史史料抄》第 389 页。

④ 索尔哈，在《金轮千辐》中写作 saqulaγ.（答里麻著，乔吉校注：《金轮千辐》，内蒙古人民出版社，2000 年，第 201 页。）

⑤ 唐邦治：《清皇室四谱》卷四《皇女·清太宗皇五女固伦淑慧长公主》。三等甲喇章京：1634 年（天聪八年）定八旗爵名，改原来明朝官名的参将、游击为甲喇章京，分三等。一、二等即参将，三等为游击。

⑥ 《清太宗实录》卷五十四，崇德六年春正月丙申条。另见《清朝太祖太宗世祖朝实录蒙古史史料抄》第 547 页。

和硕额驸恩格德尔之子索尔哈。"[①]

但是这一段婚姻因索尔哈的早逝而不幸结束。关于额驸索尔哈的早卒，实录中不见记载。《四谱》中却提到了额驸索尔哈于顺治初年去世之事[②]。

有趣的是，关于淑慧公主的众多民间传说中，有一则故事似乎印证了公主两次下嫁的史实。传说淑慧公主到了嫁人的年龄，顺治帝便与其商量下嫁之事。淑慧公主执意要下嫁蒙古王公，顺治帝就宣内扎萨克四十九旗的蒙古王公通通来到皇宫觐见。淑慧公主一眼看中了巴林右旗辅国公色布腾，悄悄用手指了他一下便拂袖而去。可是朝廷内臣们发现公主所倾心的色布腾已年近半百，并且脸上已有了皱纹，就密谋将公主的婚轿悄悄抬到年轻有为的扎鲁特王那里。可是扎鲁特王听到这个消息后不但没有高兴，反而大为惊恐。待到公主出嫁之日，公主带着皇家的嫁妆赶往扎鲁特。当送亲的队伍途径巴林右旗时传来了年轻的扎鲁特王去世的噩耗。皇家送亲队伍感到极其地震惊，于是决定掉头回京城。正在这时，公主做出了这样的决定。她说"既然已经出了宫，就不应在三天之内回娘家。我们现在既然已经来到了巴林右旗的土地上，那我就嫁到巴林右旗吧"。几经周折后，公主最终"阴差阳错"地嫁给了自己心仪的巴林郡王色布腾[③]。

---

① 《清太宗实录》卷六十五，崇德八年八月己巳条。另见《清朝太祖太宗世祖朝实录蒙古史史料抄》第637页。

② 唐邦治:《清皇室四谱》卷四《皇女·清太宗皇五女固伦淑慧长公主》。

③ 纳·宝音贺西格:《巴林民间故事与传说》，内蒙古教育出版社，2007年12月，第383—394页。

在这则巴林民间传说中所谓英年早逝的扎鲁特王所映射的似乎正是历史上的索尔哈。可能由于巴约特部较早被编入八旗而不复存在，所以巴林人对于巴约特部的历史记忆已渐渐模糊，就将淑慧公主早逝的额驸投射到了自己熟悉的扎鲁特首领身上。

淑慧公主的第一段婚姻从1643年（崇德八年）开始，于顺治初年（1644年）随着额驸的早逝而结束。在清朝初期，妇女在丈夫死后再嫁的情况很普遍。此外，淑慧公主作为皇太极第五女大有其政治作用，因此于1648年（顺治五年）“复下嫁巴林辅国公色布腾”[①]。

二、朝廷与蒙旗之间的淑慧公主

清朝公主下嫁外藩蒙古之后通常会与朝廷渐渐疏远。清朝为了使下嫁的公主起到联姻的政治作用，早在1647年（顺治四年）就已规定下嫁外藩蒙古的公主不得擅自来京，以朝贡、嫁娶、探亲等事来京师者，必须报院请旨，不得私来[②]。但是淑慧公主属于一个例外，她在有生之年的大部分时间居住塞外，却与廷朝保持着亲密的关系。这在有清一代下嫁外藩的公主中都是少有的。从康熙朱批奏折来看，康熙皇帝以及群臣亲切地称淑慧公主为“老公主”或“巴林公主”[③]。

---

① 唐邦治：《清皇室四谱》卷四《皇女·清太宗皇五女固伦淑慧长公主》。
② （乾隆）《理藩院则例》，西藏历史汉文文献丛刊本，中国藏学出版社，2006年。
③ 《康熙朝满文朱批奏折全译》，第4155号折，中国社会科学出版社，1996年。

《清史稿》记载，淑慧公主为孝庄文皇后所爱[①]。康熙皇帝曾称赞她"诞膺淑质，体托天家，仰承我祖母之敬劳"[②]。孝庄太后与淑慧公主感情深厚，多种史料中都有相关的记载。1673年(康熙十二年)孝庄太后生病，又非常想念公主，于是康熙皇帝便派人将公主从巴林右旗接回京城皇宫。见到淑慧公主，太后甚喜，病情渐好[③]。

康熙皇帝极其敬爱他的这位姑母。他也曾亲笔为其姑母淑慧公主作祝寿词，在其诗序中称赞她："淑容懿范，严若慈闱。履贵盛而冲和，居显荣而祇慎。耆年令德，宗党式钦。惠泽沦洽于远人，徽柔著闻于中外。"[④]淑慧公主身居塞外时，经常向孝庄太后与康熙皇帝进奉奶食品等蒙古地方特产。而孝庄太后与康熙皇帝也时常想念淑慧公主，不时派人探问，更在天气严寒之时送冬衣皮料，送上问候。1677年(康熙十六年)，康熙皇帝写信给淑慧公主，如下文字：

淑慧长公主体中安否，公主孝敬性成，诸事无不周详，即至微之物，皆极精美，每年各种油凝乳饼并羊腊

---

① 《清史稿》，卷一六六，表第六载：主(淑慧公主)为孝庄文皇后所爱。中华书局，1979年。

② 张穆：《蒙古游牧记》卷三，《内蒙古昭乌达盟游牧所在·巴林部》。《国学基本丛书》本，商务印书馆，1938年。

③ 《清圣祖实录》卷四十二，康熙十二年五月丙子条载：先是，上以太皇太后圣体违和。召乾清门侍卫武格谕曰，太皇太后，甚念巴林淑慧公主。尔可将朕所乘轿，驰驿往迎公主。至是，公主至京。太皇太后喜甚。圣体遂强健如常。另见《清朝圣祖朝实录蒙古史史料抄》(上)第119页。

④ 《圣祖仁皇帝御制文第二集》卷四十五，《祝巴林淑慧大长公主诗并序》，四库全书文渊阁本。

等件进奉太皇太后及朕者，尤极诚恪，故太皇太后圣祖母时增匕箸，朕亦为之加餐。念姑常从远处赍送，思特制衣相寄。未有式样，因将萨哈尔察貂皮外褂、貂獭袍，并纽扣，又制帽黑狐皮一张，文绮缎表里各十端，付之来使，若不以轻微，可制衣服之。天气严寒，遣人未便，故详布朕意，附札以往，康熙十六年十一月二十五日[①]。

淑慧公主晚年住在京城。在她病重之时，康熙皇帝曾亲自前往淑慧公主府邸探望[②]。淑慧公主去世时，康熙皇帝谕："公主系朕之姑，太皇太后在时，公主特蒙眷爱，会以托朕。朕亦面允公主，待姑年迈时，迎至京师。凡一切应用之物，朕皆承理，以终天年。及公主病笃，见朕亲临视疾，含笑而逝。病笃之人，朕见者亦多矣。如此含笑而逝者，从未一睹。公主生逢泰运，居蒙古地方五十余载，毫不生事，躬享高年，子孙繁盛，含笑长逝，诸福备矣。朕叹悼之怀，因少解焉。"[③]出殡时，康熙皇帝率众皇子以及所有朝廷要臣送行。到达裕亲王园时，康熙皇帝难忍悲痛之情，于淑慧公主灵柩旁痛哭。诸王大臣劝慰再三，才肯回宫[④]。

---

① （清）《圣祖仁皇帝御制文集（一）》卷七，《谕巴林长公主》，四库全书文渊阁本。

② 《清圣祖实录》卷一百九十七，康熙三十九年庚辰春正月癸卯条。另见《清朝圣祖朝实录蒙古史史料抄》（下）第883页。

③ 43同上。

④ 《清圣祖实录》卷一百九十七，康熙三十九年庚辰春正月庚申条。原文如下：上率皇子，诸王，贝勒，贝子，公，内大臣，大学士，尚书，侍卫等，送巴林淑慧长公主殡，至裕亲王园。于公主柩傍恸哭。诸王大臣劝慰再三。乃回宫。见《清朝圣祖朝实录蒙古史史料抄》（下）第884页。

淑慧公主于正月初十日在北京去世,照例致祭一次。回巴林之日,遣皇子等往送。祭祀之物从北京备去[①]。淑慧公主的灵柩按照其遗愿送回了巴林右旗,安葬在巴尔登哈拉山(今巴彦罕山)的塞音宝力格。后又与额驸色布腾合葬在凤凰山(也称葛根绍荣山)。又于1703年(康熙四十二年)移至旗北部查干木伦河西岸公牛山北坡,其迁陵的过程与原因,将在第三章中论述。1701年(康熙四十年)七月,康熙皇帝率诸子行围,到达巴林右旗后,遣诸皇子为淑慧公主之墓祭酒。九月,行围驻巴林容宪公主府邸,亲自来到淑慧公主墓前祭酒,最后叫皇子允禔致祭[②]。

康熙皇帝曾给淑慧公主写了三道祭文,收录于《蒙古游牧记中》中。

第一道祭文:

朕惟诗美王姬,礼隆内女,由来下降,谊切同源,而令德考,终加恩无替,粤稽往牒,觏此为难。惟我公主出自我皇祖,金枝毓秀,玉质含章,向日慈闱,尤深怜爱,一切护视,以属朕躬,朕祇承训言,弗敢失坠。更缔婚媾,以垂永好,常语姑勿忧在外服,终当迎养以乐暮年,毕姑一生,皆朕之事。日月逾迈,出降五十余载,礼仪不愆,用享多福,子孙昌衍,朕甚嘉之。自昨秋行边相见,顾瞻颜色,稍异平时,知惟摄卫之失宜,恐为风霜

① 《清圣祖实录》卷一百九十七,康熙三十九年庚辰春正月癸亥条。另见《清朝圣祖朝实录蒙古史史料抄》(下)第884页。

② 《清圣祖实录》卷二百〇五,康熙四十年九月丁亥条。另见《清朝圣祖朝实录蒙古史史料抄》(下)第915页。

所患苦，亟勸来归，勉进医药。朕尝临视至于再三，而疾竞弗疗，以及永诀。乃會无戚容，欢然顺去。於戏陵云一笑，知无身后之余忧，扶棺长辞，不负生前之夙诺。办丧皆出于内府，推恩不忘于后人。祀事肃将，凡筵展告，明灵不昧，采格来歆。

第二道祭文：

惟公主诞膺淑质，托体天家，仰承我祖母之劬劳，益夙娴于内则，出降藩服，历有岁年，壸仪聿修，纤毫无闻，齿德俱茂，迥异诸姑，朕敬礼有加，祇承先志，知向以恩勤之志，预有先觉之明。今兹送终，一无所苦，朕深惊异，用慰永伤，于戏，生兼五福，去无一尘，达者所难，在我闺阁，足流挥于彤管，以纪盛于内宗，行殡有时，加兹谕祭，星沈旧邸，还依往日宫中，云去流沙，长断来时山色，薄陈粗奠，用展哀衷。

第三道祭文：

惟公主属在懿亲为朕姑，厘落藩服为王母，女宗无忝，内则悉娴，多福罄宜，怡然怛化，顷者两颁谕祭，达以诛章，叙慈闱怜爱之深情，暨朕躬祇承之至意，荣哀之礼，事事有加。践夙昔之盟言，谅明灵之默签，兹者楯车将发，藩国是归。缅容卫元俎征，经山川之绵邈，凡昨岁迎来之路，即千秋长去之途，瞻望弥勤，怆怀曷极，特遣皇子，往护丧行，助引绋之劳，视窀穸之事，一切皆庀具，如朕亲临，俟宅兆之孔安，度殁寗之无憾。

鸣呼，自初薨以及将窆，情莫罄于哀诚，从旧邸以返新阡，礼必期于敬谨，昭朕始终之异数，增姑魂魄之余欢，申荐几筵，尚其歆格[①]。

淑慧公主的下嫁对清廷和巴林右旗双方来说无疑是互利的。首先清廷成功利用联姻笼络和怀柔了巴林部。通过联姻，清朝皇室爱新觉罗家族与巴林右旗的统治者蒙古黄金家族成为世代姻亲。有清一代巴林右旗的王公均出身于公主的后代，淑慧公主的子孙后代被称为四门台吉。在统一全国的战争中，巴林右旗包括四门台吉的蒙古王公屡次率军参战，为清廷立下了赫赫战功。

正如康熙皇帝所说，淑慧公主继承了其母孝庄文皇后出色的政治能力和人格魅力，她一生做了不少有利于巴林右旗的事情。首先，淑慧公主凭借她与清廷的特殊关系帮助巴林右旗收编了剌巴泰洪台吉率领的弘吉剌余部，弘吉剌余部10个苏木人口被安置于巴林右旗东南部。其次，淑慧公主大兴佛教，又修建了巴林右旗第一座佛教寺庙圆会寺，命人从北京抄写蒙古文的佛教经典《甘珠尔》经，大力促进了佛教文化在巴林右旗的发展。再次，淑慧公主在巴林右旗与翁牛特左旗交接处的西拉木伦河上修建一座桥。此桥疏通了西拉木伦河南北，使这里的交通变得更加便捷。为纪念公主，当地人称这座桥为公主桥。

① 张穆：《蒙古游牧记》卷三，《内蒙古昭乌达盟游牧所在·巴林》。

第二章
巴林右旗贵族阶层及其结构

入清后，巴林部（右旗）的统治层与清皇室爱新觉罗家族有了千丝万缕的关系。淑慧公主下嫁色布腾之后这一关系变得更加突出。淑慧公主生有四子，他们后来成为著名的四门台吉家族。四门台吉家族世代掌握巴林右旗的最高统治权。其中以色布腾第二子鄂齐尔家族为首，有清一代巴林右旗的扎萨克王全部出自鄂齐尔一系。与此同时，色布腾蒙古福晋所生长子一系却遭到冷落和排挤，他们虽为台吉，却在政治上没有能够有所作为。本章中我们将以时间为序，来观察巴林右旗统治阶层建立的全部过程。

第一节　入清时的巴林部

一、巴林部

16 世纪前期，达延汗第六子阿尔楚博罗特之子虎喇哈赤率部南下，其五子分封形成五个鄂托克即内五喀尔喀部。这五部分别为扎鲁特、巴林、弘吉剌、巴约特和乌济业特。虎喇哈赤长子乌巴什卫征(明人称委正)掌管扎鲁特部,次子速把亥达尔罕(明人称速把亥)掌管巴林部,三子乌班贝穆多克沁(明人称兀班)掌弘吉剌部,四子索宁歹青(明人称歹青)掌管巴约特部,五子舒哈卓里克图洪巴图尔(明人称炒花)掌管乌济业特部[①]。

巴林部的统治者为虎喇哈赤第二子速把亥及其子孙。速把亥的实力非凡,巴林部在速把亥及其诸子的统领下占据了福余卫、泰宁卫之地,遂逐渐壮大起来。《万历武功录》记载的"速把亥……于是部泰宁人抄本、花大、把儿都、红脸孛罗特、引弓之夷万余人,颇勇。东西锦义一千五百里,所在皆可入犯,无险阻"正是速把亥控制泰宁卫的情形[②],速把亥于 1582 年(明万历十年)被明军杀死,此时速把亥弟乌济业特部炒花的势力在其南部逐渐扩大,因此速把亥诸子在南部无法继续扩张。和田清认为,速把亥死后其子打赉岱青和巴嘎巴图尔与叔父炒花、花大共同霸占南方,打赉岱青和巴嘎巴图尔死后,炒花便独自控制了南边的势力[③]。

---

① 《金轮千辐》载,赛因达延汗第五子阿尔楚博罗特阿拉克的十二库伦喀尔喀内,曰扎鲁特、巴林、弘吉剌、巴约特、乌济业特,山阳五鄂托克喀尔喀的统治诸颜们是,阿尔楚博罗特子虎喇哈赤台吉哈萨尔诺颜。扎鲁特虎喇哈赤子五,曰兀巴塞惟正、速把亥达尔罕、兀班贝穆多克沁、索宁岱青、粆干卓里克图洪巴图尔,兄弟五个分别统领五个鄂托克(《金轮千辐》第 216－217 页。);《阿萨喇克奇史》载:达延汗第五子阿尔楚博罗特子虎喇哈赤台吉。虎喇哈赤台吉子惟正,速把亥、兀班,答补歹,粆花抓儿兔。(乌云毕力格:《阿萨喇克其史研究》,中央民族大学出版社,2009 年,第 126 页。)

② 瞿九思:《万历武功录》卷十二《速把亥传》,《续修四库全书·杂史类·万历武功录》。

③ 和田清著 潘世宪译:《明代蒙古史论集》(下册),商务印书馆,1984 年,第 507－517 页。

巴嘎巴图尔有七子。长子额布格岱，次子塞特尔、三子和托果尔昂哈、四子卜兔尔昂哈、五子内齐洪台吉，六、七子不详[1]。其中长子额布格岱、三子和托果尔的后裔掌管了后来的巴林左旗（俗称小巴林）。次子塞特尔以及四子卜兔尔昂哈的子孙成为了巴林右旗（大巴林）的王公。塞特尔继承巴嘎巴图尔成为当时巴林部的首要人物。

1628 年（天聪二年）一月塞特尔娶舒尔哈齐子阿敏贝勒养女，成为爱新国的额驸。同年，由于林丹汗既破喀尔喀，塞特尔、昂阿等人举部投奔嫩科尔沁。但是由于科尔沁国的扰害，塞特尔又于 1628 年（天聪二年）四月率部众投附爱新国。

在乾隆年间重新编写《满文老档》时对《满文原档》的内容做了一定的修改，其中许多内容被涂改和删除，并且没有写进新的《满文老档》中。《原档》中有一大段关于巴林部投附爱新国过程的内容被划掉。1990 年的汉译版《满文老档》和 1956 年日本人翻译的《满文老档》中均没有这一段内容。笔者将这一段被划掉和删除的内容以拉丁文转写形式加以恢复，附如下文（图 1）。

符号[ ]为《满文原档》中被删去但能认出的部分。

---

① 见《尊贵公主妈妈王公旧氏族谱》（下文将简称为《旧氏族谱》），《纳·赛西雅拉图文集》（第六卷），内蒙古科技出版社，2007 年，第 23 页；《辽夷略》记载巴兔儿有七子，长曰额伯革打黄台吉，次曰阿把兔儿，三曰榜什台吉，四曰色特儿，五曰卜兔儿，六曰昂阿，七曰昂奴。（《辽夷略》第 477 页）；《金轮千辐》记载速把亥生达赉代青和巴嘎巴图尔二子，达赉代青生额布格岱，塞特尔、和托果尔昂哈、卜兔尔昂哈四子。（《金轮千辐》第 199 页）；《水晶念珠》记载巴嘎巴图尔生额布格岱，塞特尔、和托果尔昂哈、卜兔尔昂哈和内齐洪台吉五子（《水晶念珠》第 877 页）。《旧氏族谱》与《辽夷略》所述的巴嘎巴图尔有七子的说法可能更准确。

……为被删去后无法识别的内容。

拉丁文转写：

O orin sunja-de. barin-i seter beile. sereng hūng taiji. ayūsi taiji. (2) manjusiri taiji. han-de acanrame jimbi seme sunja bai dubede (3) han beise okdobi amban sarin sarilaha. seter. sereng se monggoi kalkai (4) gurun-i barin-i beise bihe. cahara kalka-be efulehe menggi. seter, angga ini (5) gurun-be hamame. [horcin-de tosiga bihe. horcin-i beise nungneme ojoro (6) jakade. ……(7)……sereng hong taiji cahara-de gaibuha bihe. caharai han wagi (8) sere-be serebi. horcin-de ukame genebi. horcin-ci jahūn……(9) jihe. jidere-de. han beise doroluma ogdobi. han cacari-de tehe. (10) monggoi beise ceni gajiha ninggun morin. juwe temen. jewe sekei dahū. (11) arki-be juleri jafabi tehe. tehe baci seter. sereng. ayusi. manjusiri (12) geren-be gaibi aldangga emu (13) jergi niyakurabi hengkilehe. hanci gerenci julesi ibebi emu jergi niyakurabi hengkilere-de. …… (14) han-de ejeme wajika menggi. ilan amba beil-de han-de acaha doroi(15) …… acaha. …… beise taijise-de ishunde niyakurame hengkileme acaha. acame (16) wajibi ceni gajiha arki-be han-de angha isibume wajika menggi. seter-be (17) han-i ice

第二章 巴林右旗贵族阶层及其结构

ergide tebuhe. sereng-be amba beilei sirame tebuhe. ihan honin wabi (18) hacin hacin-i…… amba sarin sarilaha.]①

汉译如下：

二十五日。巴林塞特尔贝勒，色棱洪台吉，阿玉石台吉，满珠习礼台吉，来见汗，汗率诸贝勒出迎五里外具大宴。塞特尔，色棱等原为喀尔喀蒙古巴林部贝勒。察哈尔破喀尔喀后，塞特尔，昂阿携其部，入科尔沁。[因科尔沁贝勒扰害。……色棱台吉先前被察哈尔打败。察觉察哈尔汗将杀。遂逃往科尔沁。从科尔沁……八个……。来时，汗率众贝勒礼迎。汗坐于大帐中。蒙古贝勒他们带来六匹马，两头骆驼和两件皮袄。他们拿酒而坐。塞特尔、色棱、阿玉石、满珠习礼带领大家从远处跪拜磕头。众人遂上前对汗跪拜磕头。……记录完毕. 给三大贝勒请安。……给贝勒，台吉们互相跪拜行礼。行礼完毕。汗将他们带来的酒品尝后，令塞特尔坐汗的右手边。令色棱临大贝勒而坐。杀牛羊，以种种……具大宴。]

从这一段文字可以得知，巴林部被察哈尔攻打后，是分两部分进入科尔沁的。由塞特尔和昂阿率领的巴林部众首先不堪林丹汗的攻打，逃入科尔沁。由色棱台吉率领的巴林另一部分部

---

① 《满文原档》，第六册，第 249—251 页。

众应战后被打败，察觉林丹汗将杀，于是也投往科尔沁。最后，因"科尔沁贝勒扰害"，塞特尔、色棱洪台吉，阿玉石台吉，满珠习礼等人率全体巴林部众来投附爱新国。除此之外，从皇太极宴请来投附爱新国的巴林部众台吉时的席位安排，也可以了解到他们在巴林部的实力与地位。塞特尔为巴林部实际首领，因此坐在天聪汗右手边。而色棱紧挨大贝勒而坐，应为当时巴林部第二号实力人物。色棱为巴嘎巴图尔长子额布格岱之子，后成为巴林左旗多罗额驸固山贝子，于顺治二年去世。满珠习礼成为巴林左旗扎萨克固山贝子，他是巴嘎巴图尔第三子和托果尔之子。

1629 年（天聪三年），爱新国征明朝，巴林部塞特尔率兵来会，天聪汗因为其马匹羸瘦而责备塞特尔"成何体统"，准备惩罚塞特尔[①]。1632 年（天聪六年）爱新国征察哈尔，由于塞特尔发兵少，天聪汗怒斥他"尔塞特尔动辄托病果何病耶。不念及国政。而嗜饮无度。为酒所困耳。"[②]可见塞特尔虽然身为爱新国的额驸，却在响应满族汗的征调时态度不积极，甚至给天聪汗留下了动辄托病，还饮酒无度的坏印象。但是在这两件事情上，天聪汗最终都赦免了塞特尔并"礼如初"[③]。塞特尔于 1635 年（天

① 《满文原档》第六册，第 307－308 页。

② 《清太宗实录》卷一十一，天聪六年四月癸未条。另见《清朝太祖太宗世祖朝实录蒙古史史料抄》第 197－198 页。

③ 《钦定外藩蒙古回部王公表传》卷二十八《扎萨克多罗郡王色布腾列传》。

聪九年)前后卒[①]。

但塞特尔去世后,其子色布腾于1640年(崇德五年)第一次来朝觐见天聪汗,1648年(顺治五年)才承袭其父任扎萨克辅国公,与其父塞特尔去世时间相隔了将近13年的时间。为什么色布腾迟迟没有承袭其父塞特尔的爵位？有一种可能性是色布腾当时未到十八岁。还有另一种可能性更高的是,曾另有人承袭塞特尔爵位,但由于早卒或其他原因未能继续持政。《金轮千辐》和《水晶念珠》中均记载塞特尔有一子色布腾,但是《旧氏族谱》记载塞特尔有二子,分别为阿玉石和色布腾[②]。阿玉石似乎曾是巴林部的一位实力派人物,1628年(天聪二年)巴林部投附爱新国时,阿玉石曾是领军人物之一。《清实录》中也多有关于他的记载。在爱新国攻打明朝时,阿玉石曾立下赫赫战功。1634年(天聪八年)"巴林部落阿玉石、满珠习礼合克三堡,阿玉石又独克五堡"[③]。1636年(崇德元年)"入明边树云梯攻城,台吉阿玉石先登克之"[④]。据《满文原档》记载,1636年(崇德元年)给外藩蒙古编牛录时,"巴林部阿玉希五百六十户,编为十一牛录"[⑤],"茂奇塔特二十户、胡比拉干十五户、古穆九户、古尔布什

---

① 关于塞特尔的去世年月史书上不见记载。《王公表传》记载:"天聪六年(皇太极)怒斥塞特尔,后礼如初,未几塞特尔卒。"《清实录》中关于塞特尔最后的记载是天聪九年。因此断定塞特尔于天聪九年后不久去世。

② 《旧氏族谱》第23页;《辽夷略》记载:色特儿之子二,曰矮要世、曰把庆。矮要世指的应该就是阿玉石(《辽夷略》第477页)。

③ 58《清太宗实录》卷二十,天聪八年闰八月庚寅条。另见《清朝太祖太宗世祖朝实录蒙古史史料抄》第294页。

④ 《钦定外藩蒙古回部王公表传》卷二十八《巴林部总传》。

⑤ 《满文原档》第10册,第584—585页。

十六户、合编为一牛录”[1]。以上共620户12牛录为巴林部右翼。而巴林部满珠习礼、色棱所带统领的880户17牛录为巴林部左翼[2]。阿玉石是编巴林部佐领时右翼的主要领导人物。因此《旧氏族谱》中所说塞特尔长子为阿玉石极有可能是史实。因此推断，塞特尔去世后，由长子阿玉石承袭，但阿玉石早卒，后塞特尔次子色布腾承袭其父爵位。

二、巴林部牧地与巴林右旗

内喀尔喀五部的分布自西南向东北分别为巴林、乌济业特、巴约特、弘吉剌和扎鲁特。达力扎布认为内喀尔喀五部在西拉木伦河(西辽河)迤南都有牧地，其南界直至明边墙。其中巴林、乌济业特、巴约特三部的牧地更大一些，西面的巴林、乌济业特等部由于西北有大兴安岭山脉阻隔，在西拉木伦河北面的牧地不够宽广，位置比较偏南，而东面各部的位置则比较偏北，大部分牧地在西拉木伦河迤北[3]。关于内五喀尔喀中巴林部的牧地，《辽夷略》记载：“其直广宁镇远、镇宁、镇武、西平、海州、东昌、东胜边四百里而牧，由镇远市赏者，速把亥诸种也”[4]。《万历武功录》记载：“速把亥，虎喇哈赤仲子也，嘉靖丙午岁，以三卫故，迁

① 同上，第585页。

② 同上。

③ 达力扎布：《明代漠南蒙古历史研究》，内蒙古文化出版社，1998年1月，第141—142页。

④ 张鼐：《辽夷略》，薄音湖、王雄编辑点校《明代蒙古汉辑史料汇编第二辑》，内蒙古大学出版社，2006年，第477页。

徙旧辽阳迤北沙埚之间"[①]。奥登认为巴林部驻牧于明朝辽东都司所辖之广宁卫镇远、镇宁、镇武、西平等堡和海州卫(今海城)镇远、东昌、东胜等堡的边外一带。其驻牧地距明边约四百余里[②]。达力扎布认为巴林的牧地在内五喀尔喀的最西边,大约与察哈尔兀鲁特部相邻,南界在今库伦旗一带,北面越西拉木伦河,到大兴安岭[③]。

1634年(天聪八年)爱新国灭察哈尔后,划定蒙古诸部牧地[④],巴林部牧地为:潢河(今西拉木伦河)北岸,东至鄂拜山(今苏贝山),南至巴尔达木哈拉山(今巴彦罕山),西至毕柳图山(今碧流汰)、北至哈达图吉鲁克、东南至马达虎沙地(今塔玛哈芒哈)、西南至邁拉索图哈起克、东北至巴彦乌兰岭(今乌兰达贝)、西北至阿噜亥喇汉山(今阿尔海日罕山)(图1)[⑤]。1636年(崇德元年),为巴林部编牛录(即佐领或苏木),制定了巴林右旗与左旗的基本雏形[⑥]。

1648年(顺治五年)春正月,设扎萨克。叙从征山东及追剿腾机思等功,以色布腾为扎萨克辅国公[⑦],掌巴林右旗。满珠习

---

① 瞿九思:《万历武功录》卷十二《速把亥传》。

② 奥登:《喀尔喀五部考述》,载《蒙古史研究》第二辑,内蒙古人民出版社,1986年12月。

③ 达力扎布:《明代漠南蒙古历史研究》,第138页。

④ 《清太宗实录》卷二十一,天聪八年十一月壬戌条。另见《清太祖太宗世祖朝实录蒙古史史料抄》第310页。

⑤ 张穆:《蒙古游牧记》卷三《内蒙古昭乌达盟游牧所在·巴林》。

⑥ 《满文原档》第10册,第584—585页。

⑦ 《清世祖实录》卷三十六,顺治五年春正月甲寅。另见《清朝太祖太宗世祖朝实录蒙古史史料抄》第709页。

礼为扎萨克固山贝子，掌左旗[①]。巴林右旗为扎萨克多罗郡王旗（后来琳沁任扎萨克时期封亲王），故俗称大巴林。巴林左旗为固山贝子旗，因此俗称小巴林。

有清一代，巴林二旗同牧，并没有明确的界限。右翼驻托钵山（今套白山），在古北口东北720里处，左翼驻阿大图托罗海山（今哈拉哈达），比前者向东北60里。巴林二旗东西距231里，南北距233里。东至阿鲁科尔沁界，160里。西至克什克腾界91里。南至翁牛特界60里。北至乌珠穆沁界173里，东南至阿鲁科尔沁界185里，西南至克什克腾界81里，东北至乌珠穆沁界205里，西北至乌珠穆沁界142里，至京师960里[②]。

巴林右旗第一任扎萨克色布腾与他的父亲塞特尔不同，他非常努力效忠于朝廷。早在1643年（崇德八年），色布腾与喀喇沁、扎鲁特等部王公在清征伐明朝时立功，皇帝表示庆贺，并赐宴[③]。1645年（顺治二年），赐色布腾、布达思喇布、卓礼克图郡王云敦等朝衣、缎币、弓刀、鞍辔等物[④]。色布腾于1643年（崇德八年）征明朝锦州松山凯旋而归。1644年（顺治元年）随都统巴哈纳定山东。1646年（顺治三年）随裕亲王多铎追剿腾机思，败喀尔喀土谢图汗以及车臣汗的援兵[⑤]。1648年（顺治五年）封扎

① 张穆：《蒙古游牧记》卷三《内蒙古昭乌达盟游牧所在·巴林》。

② （乾隆）《大清一统志》，卷四百〇七，《巴林》，文渊阁四库全书本。

③ 《清太宗实录》卷六十五，崇德八年秋七月辛亥条。另见《清朝太祖太宗世祖朝实录蒙古史史料抄》第632页。

④ 《清世祖实录》卷一十三，顺治二年春正月癸巳。另见《清朝太祖太宗世祖朝实录蒙古史史料抄》第660页。

⑤ 《钦定外藩蒙古回部王公表传》卷二十八《扎萨克多罗郡王色布腾列传》。

萨克辅国公。1648年(顺治五年)二月,顺治帝以固伦公主下嫁色布腾[①]。1650年(顺治七年),晋封巴林部落辅国公额驸色布腾为多罗郡王[②]。色布腾一生平步青云,于1667年(康熙六年)去世,子鄂齐尔袭爵。

第二节 察干诺尔台吉与四门台吉

清朝满蒙联姻政策最核心的内容就是孕育蒙古黄金家族与清朝皇室共同的后代,从而达到亲近和笼络蒙古的目的。娶清皇室公主的蒙古额驸要根据所娶公主、格格的等级而受封相应的额驸封号,公主所生子孙也会跟随公主接受朝廷封号。清朝规定:公主之子、亲王之子弟为一品,封一等台吉或一等塔布囊。郡主之子,郡王贝勒之子弟为二品,封二等台吉或二等塔布囊。县主、郡君、县君之子,贝子公之子弟为三品,封三等台吉或三等塔布囊[③]。1779年(乾隆四十四年)以后,规定乡君以下格格所生子均封四等台吉或四等塔布囊[④],均在年过十八岁时给予品级。在1779年(乾隆四十四年)以前,蒙古额驸侧室所生之子,可按

---

① 《清世祖实录》卷三十六,顺治五年二月辛卯条。另见《清朝太祖太宗世祖朝实录蒙古史史料抄》第710页。

② 《清世祖实录》卷五十。顺治七年八月己丑条。另见《清朝太祖太宗世祖朝实录蒙古史史料抄》第739页。

③ (康熙)《大清会典》卷一百四十二,《理藩院·爵级·康熙元年》。

④ (光绪)《清会典事例》卷九百七十三,《理藩院·封爵·承袭台吉塔布囊·乾隆四十四年》,中华书局影印本,1991年。

照其嫡母皇家公主、格格的身份授予封号，但此后规定：侧室所生之子酌看伊父爵品秩品级分别给予[①]。清皇室一步步地强调皇家女所出之子的身份与爵级，一方面说明清朝方面越来越重视蒙古地方与清皇室血缘的融合，另一方面还反映了蒙古地方也有出现拿侧室之子冒充公主之子的现象。1780年（乾隆四十五年）清朝规定“已经照公主格格所生之子给予职衔者，加恩不必改正，嗣后务尊新定之例办理。当有伪报冒受职衔者，一经查出，将该台吉斥革外，并将该盟长及扎萨克等一并重处”[②]显然朝廷的规定针对的是那些冒充的受封者。清朝如此重视公主所出之子，在1662年（康熙元年）就规定，公主之子过十岁以上，其父过世者承继家业，且不拘年岁即给予品级，也不在十八岁才能接受封爵的限定之内[③]。

我们从一份提议巴林王公子弟内成年者分别封二三四等台吉的满文题奏，可以很清楚的了解巴林右旗公主、郡王、郡主、县君子孙以及其他一二三四等台吉子孙的品级情况（图2）。

朱批：gisurehe songkoi obu.

题本：wesimburengge.

○（1） tulergi golo-be dasara jurgan-i aliha amban. juwe jergi wasimbufi （2） tūsan-de bibuhe amban bandi sai gingguleme （3） wesimburengge. se-de isina-

---

① 同上。

② 同上。

③ （康熙）《大清会典》卷一百四十二，《理藩院·爵级·康熙元年》。

ha taiji se-de jergi bure jalin. barin-i doroi (4) giyūn wang namdak sei benjihe bidhede. menei gūsai doroi giyūn wang bihe (5) ocir-i ilaci jui sanggerida orin emu se. uju jergi taiji gereltu (6) jacin jui surcag orin emu se. ilaci jui subudi juwan uyun se. (7) doroi efu arabtan-i ahūngga jui eldeb orin se. uju jergi taiji (8) loshib-i aūngga jui bandi orin ilan se. uju jergi taiji bihe (9) guru-i jacin jui ilagūgsan orin se. jai jergi taiji bihe coisoheb-i (10) jacin jui edeli orin ilan se. ilaci jui udbala orin se. ilaci jergi (11) taiji bihe norbu-i duici jui ubasi orin ilan se. sunjaci jui (12) bandarhaisa orin se. ilaci jergi taiji bihe ocir-i sunjaci jui engke (13) orin ilan se. duici jergi taiji toba-i ahūngga jui namdar orin (14) ilan se. jacin jui bandar orin se. duici jergi taiji gumuke-i ilaci (15) jui buyantu orin ilan se. duici jergi taiji norbu-i jacin jui badaraica (16) orin ilan se. duici jergi taiji sang-ni ahūngga jui erdeci orin (17) ilan se. jacin jui cogtu orin se. duici jergi taiji erke-i ahūngga (18) jui bajai orin se. duici jergi taiji tubasihi-i ahūngga jui nomci (19)orin se. duici jergi taiji urjan-i ahūngga jui jagasiri orin se. (20) duici jergi taiji adis-i ahūngga jui bajai juwan jahūn se. duici (21) jerigi taiji bihe nasutu-i jacin jui johistu orin se. ese gemu se-de (22) isinaha seme. agdulara doron gidaha bithe-be benjihebi. (23) amban meni gisurehengge. barin-i doroi giyūn wang namdag se. ceni hūsai (24) doroi giyūn wang bihe ocir-i jui sanggerida. uju jergi taiji gereltu-i (25) jui surcag. subudi. doroi efu arab-dan-i jui eldeb. uju jergi taiji (26) loshib-i jui bandi. uju jergi taiji bihe guru-I jui ilagūgsan. jai (27) jergi taiji bihe coishib-i jui edeli. udbala. ilaci jergi taiji (28) bihe norbu-i jui ubasi. bandargxa. ilaci jergi taiji bihe ocir-i jui (29) engke. duici jergi taiji tuba-i jui namdar. bandar. duici jergi (30) taiji gumuke-i jui buyantu. duici jergi taiji nurbu-i jui (31) badaraica. duici jergi taiji sang-ni jui erdeni. cogtu. duici (32) jer-gi taiji erke-i jui bajai. duici jergi taiji tubasihi-i jui nomci duici jergi taiji urjan-i jui jagasiri. duici jergi taiji (33) adis-i jui bajai. duici jergi taiji bihe nasutu-i jui jokistu. (34) ese gemu se-de isinaha seme. doron gi-daha agdulara bithe-be (35) banjihebi. baicaqi. tokto-buha kooli-de hoxoi gege. giyūn wang. doroi (36) beile-i juse deote-be. gemu jai jergi taiji obumbi. doroi gege (37) beise. gung-ni juse deote-be. ilaci jergi taiji obumbi. uju jai (38) ilaci. duicijergi taiji. tabunang sai juse deote-be. duici jergi (39) taiji obumbi sehebi. uttu-be dasame. hooli songkoi sanggerida-be (40) jai jergi taiji obuhi. eldeb-be ilaci jerigi taiji obuhi. (41) sircag sebe gemu duici jergi taiji obuhi sembi. amban meni (42) cisui gamara ba waka ofi. gingguleme wesimbuhe.

elhe taifin-i gūsin emuci aniya. jakūn biyai ice duin.

tulergi golo-be dasara jurgan-i aliha amban, juwe jergi wasimbufi / tūsan-de bibuhe amban bandi.

tashū ergi asha-i amban bime, meiren-i janggin wasimbuha emu jergi-be gemuni dahalabuha, amban unde. ici ergi asha-i amban emu jergi nonggiha, amban mambi. aisilakū hafan, ilan jergi nonggiha, amban mandu. aisilakū hafan, amban heise. aisilaku hafan, amban dalai. ①

译成汉文：

朱批：依议而行。

题本：题奏。

理藩院尚书，降二级留任臣班第等谨题。为成年台吉封爵位，巴林多罗郡王那木达等人来书。我旗原多罗郡王鄂齐尔第三子桑哩达年二十一。头等台吉格

① 中国第一历史档案馆编：《清朝前期理藩院满蒙文题本》，内蒙古人民出版社，2010年，第一册，第475页。

呼尔图第二子苏尔其年二十一。第三子苏布第年十九。多罗额驸阿拉布坦长子额勒德布年二十。头等台吉洛斯熙长子班弟年二十一。原头等台吉古鲁第二子伊拉古桑年二十。原二等台吉却思熙(却扎布)第二子鄂达拉年二十三。第三子乌达巴拉年二十。原三等台吉诺尔布第四子渥巴希年二十三。第五子班达拉色年二十。原三等台吉奥其尔第五子恩和年二十三。四等台吉托巴长子那木达尔年二十三。次子班达尔二十岁。四等台吉古木克第三子布彦图年二十三。四等台吉诺尔布次子巴达里察年二十三。四等台吉桑嘎长子额尔德尼年二十三。次子朝克图年二十。四等台吉鄂尔科长子巴杰年二十。四等台吉塔布希黑长子诺木其年二十。四等台吉乌尔占长子扎嘎希里年二十。四等台吉阿第沙长子巴寨年十八。原四等台吉那索图次子照希斯图年二十。彼等皆成年。将结印送至。巴林多罗郡王那木达等,其旗原多罗郡王鄂齐尔子桑哩达。头等台吉格呼尔图子苏尔其、苏布第。多罗额驸阿拉布坦子额勒德布。头等台吉洛斯熙子班弟。原头等台吉古鲁子伊拉古桑。原二等台吉却思熙(却扎布)子鄂达拉、子乌达巴拉。原三等台吉诺尔布子渥巴希、子班达拉色。原三等台吉奥其尔子恩和。四等台吉托巴子那木达尔、子班达尔。四等台吉古木克子布彦图。四等台吉诺尔布子巴达里察。四等台吉桑嘎子额尔德尼、子朝克图。四等台吉鄂尔科子巴杰。四等台吉塔布希黑子诺木其。四等台吉乌尔占子扎嘎希里。四等台吉阿第沙子巴寨。原四等台吉那索图子照希斯图。

彼等皆成年。今将结印送至。查得定例，和硕格格、郡王、多罗贝勒子弟，皆封二等台吉。多罗格格、贝子、公之子弟等三等台吉。头等，二等，三等四等台吉，塔布囊子弟封四等台吉。照例请旨封桑哩达为二等台吉，额勒德布为三等台吉，苏尔其等人均为四等台吉。臣等未敢擅专，谨题请旨。

康熙三十一年，八月初四。

理藩院尚书，降二级留任臣班第。

左侍郎，副都统降一级调用臣温德 /右侍郎加一级臣满毕 /员外郎加一级臣满都 /员外郎臣黑色 /员外郎臣达来

该题本为康熙三十一年那木达任巴林右旗扎萨克时期的题奏。从该题本中可以得知，身为公主次子的格哷尔图为一等台吉(此时已经去世)。桑哩达为郡王之子因此请旨封为二等台吉。而额勒德布的母亲为县主或郡君[①]，因此请旨封为三等台吉。其他一二等台吉除一子袭替以外，其他照例均为四等台吉[②]。可以看出，公主子品级最高，郡王子其次，县主或郡君子再其次，一二等台吉可以有一人承袭以外，其他均为四等台吉，品

① 参见杜家骥《满蒙联姻研究》第 71 页，《巴林部联姻总表》。

② (康熙)《大清会典》卷一百四十二，《理藩院·爵级·康熙元年》。

级最低。从这份题本中还可以看出，身为巴林右旗第一任扎萨克郡王色布腾长子的却思熙（蒙文史料中写作却扎布）由于其母不是清朝公主，因此为二等台吉，而且其子（除可以承袭的一人）也只能封为四等台吉。

色布腾虽娶蒙古福晋在先，其所生子之品级爵位却无法与公主之子匹敌。蒙古福晋子孙的牧地被划到察干诺尔地方，俗称察干诺尔台吉，有清一代其活动范围被限制在此地。而公主四子及其子孙形成了著名的四门台吉，他们世代掌握着巴林最高的政治权利，在昭乌达盟拥有显赫的地位。他们有被封亲王、郡王者，也有担任昭乌达盟盟长、副盟长职位者。

一、“白度母”察干答拉哈屯以及察干诺尔台吉

在巴林流传着很多公主下嫁的传说。其中就包括额驸色布腾为迎娶公主而隐瞒和藏匿自己蒙古福晋的内容。不管传说如何渲染，色布腾娶蒙古福晋在先，这的确是史实。《水晶念珠》和《旧氏族谱》中均记载色布腾长子为却扎布（有的文献中写作却思熙 coskib），却扎布正是这位蒙古福晋所生之子。《旧氏族谱》在描述淑慧公主下嫁色布腾的情景时，提到了这位蒙古福晋察干答拉哈屯，其子却扎布以及他子孙——察干诺尔台吉（图 3）。

拉丁文转写如下：

Öndür boγda eǰen mügden qota-dur bayiču

(baiǰu)[1] tngri boluγsan-u čaγadur (čaγtur) tegün-ü tayisa (tayizi) erdemtü-yi širegen-dür saγulγan, doluγan ǰil qaγan-u törö-yi bariǰu tngri boluγsan čaγadur (čaγtur) tegün-ü köbegün ey-e ber (eyeber) ǰasaγči-yi qaγan bolγaba. tere üni udaγan saγuqui čaγtaγan ulus-dur (tur) küčün öggögsen kümün-i bayičaγaqui-dur se güng-ün köbegün sebten güng-i eyeber ǰasaγči qaγan činü ečige se güng ulus törö-tür (dür) man-u (mani) yeke küčü öggögsen tula, čimyi (čim-a-yi) ür-e-yin ür-e-dür giyün (jiyün) wang bolγaba kemen ǰing qota-ača sayid ǰaruǰu ǰarliγ-un erdeni tamaγatu bičig toraγγa (torγ-a) mönggön šangnaba. edüge boltal-a erdeni tamaγatu bičig man-u tamaγan-u γaǰar boi. mön tere qaγan ökin degüü güngǰü-yi se wang-dur sečin (secen) degedü ulus-un güngǰü kemen ergümǰileǰü qayiralaqui čaγ-dur (tur), γurban ǰaγun örög (erüke) manǰü ulus, tümen lang-un tariy-a-u (tariyan-u) γaǰar, irgen luγ-a šib (šibege) γoolača (qoolcin) qayiralaba, se wang-un čaγan dar-a qatun-u köbegün čoyiǰab, tegünü ači üre, čaγan naγurun (naγur-un) tayiǰi nar boi.[2]

---

① 括号内为相应的现代蒙古语写法,下文同。

② 《旧氏族谱》,第 24—25 页。

汉译：

太祖高皇帝在盛京驾崩，令太子太宗文皇帝继位，把持朝政七年后驾崩，又令其子顺治帝继位。他在位多年，找寻对朝廷有功之臣，（顺治帝）念色布腾公之父塞公对朝廷鞠躬尽瘁，封其为郡王，世袭罔替。并从京城派臣谕旨赉赏绸缎白银等物。至今我旗印务处房依旧存放该谕旨。皇帝以其妹封固伦淑慧公主妻色王。又赏三百户满人、万两田地以及汉、锡伯、卦尔察人。色王的察干答拉哈屯之子却扎布及其子孙，是察干诺尔的诸台吉。

“色王的察干答拉哈屯”正是色布腾的原配蒙古夫人。却扎布为其子，《水晶念珠》中记载其为色布腾长子、二等台吉[①]。如上述史料中所说，察干答拉哈屯之子却扎布及其子孙被称为察干诺尔诸台吉。“察干答拉”（白度母）似乎不是这位蒙古福晋的真实名字，而是后人相对于淑慧公主而起的一个尊称。淑慧公主来到巴林右旗后因大力弘扬佛教，被奉为绿度母的化身。显然“白度母”是人们给色布腾蒙古福晋起的与淑慧公主的“绿度母”旗鼓相当的尊称。

察干诺尔台吉们世代驻牧在巴林右旗南部与翁牛特左旗接壤的察干诺尔地方。关于他们来到察干诺尔的缘由，巴林还有一则这样的民间传说：

① 拉西彭楚克：《水晶念珠》第880页。

传说淑慧公主唯一的儿子被清廷给毒死了。于是淑慧公主就抱来察干答拉哈屯的五个儿子，一边喂他们好吃的，一边问他们亲生妈妈好还是公主妈妈好。大儿子却扎布说“亲生妈妈好”，其他四个则说“公主妈妈好”。于是淑慧公主就让却扎布到沙漠中有腥臭味的察干诺尔边上去驻牧，收养了其余的四子。却扎布及其后代就变成了察干诺尔台吉，而其余四子及其后代分别变成了四门台吉。

这则故事反映了蒙古人的一种心理，在满蒙联姻的历史进程中，蒙古人无论接受皇室公主的程度如何，他们依然希望蒙古王公的后裔是出自蒙古女人的后代。这种心理就和蒙古人在《黄金史纲》中把明永乐帝说成是元顺帝妥欢帖木儿的遗腹子是一样的[1]。纵使蒙古人这样希望，察干诺尔台吉曾遭到排挤却是不争的史实。一方面，虽为色布腾第一任福晋却身为侧福晋的察干答拉哈屯，其子孙的官职爵位远远不如公主四子。却扎布被封为二等台吉，却扎布长子达希一支世袭其父二等台吉爵位，而其他子孙全部被封为末等爵位，即四等台吉爵位[2]。另一方面，察干诺尔台吉的牧地并不是尚好的牧地。其牧地位于巴林右旗最南部，与翁牛特旗接壤，是一片比较贫瘠的沙地。因此那些关于藏匿察干答拉哈屯的故事的产生也就不足为奇了。传说色布腾将察干答拉哈屯及其牲畜和奴仆藏在了一个沙窝子里。

---

① 留金锁校注:《黄金史纲》，内蒙古人民出版社，1980 年，第 62—64 页。

② 拉西彭楚克:《水晶念珠》，第 880 页。

后来这个地方就取名为尼古马格(nigumaγ),意为藏匿之处。察干答拉哈屯搭建帷帐的地方命名查查尔图(čačartu),意为帷帐之地。察干诺尔台吉的后裔现在还住在巴林右旗南部的察干诺尔及附近[1]。

二、四门台吉及其事迹

《王公表传》记载淑慧公主有三子,分别为鄂齐尔、格哷尔图、纳木扎[2]。此记错误。事实是色布腾与淑慧公主共有四子,分别为长子鄂齐尔、次子格哷尔图、三子纳木扎和四子阿拉布坦。他们及其后代被称为四门台吉(dürben ger-ün tayiǰi 或 dürben egüden-ü tayiǰi)。淑慧公主长子鄂齐尔一系照例承袭巴林右旗扎萨克职位,拥有巴林右旗最好的牧地,其子孙形成一门台吉。二子格哷尔图为辅国公,人称大公(yeke güng),其子孙为二门台吉。三子纳木扎为辅国公,人称小公(baγa güng),他的子孙形成了三门台吉。四子阿拉布坦为旗协理、御前行走、多罗额驸,他的子孙为第四门台吉。

四门台吉的牧地广阔,不相统属。其中一门台吉的牧地最好,范围最广,也是巴林右旗王府的所属地:沙巴尔台、查干木伦、查查尔图、巴彦额尔德尼等地方均为上好的牧场。二门台吉的牧地处于巴彦罕山麓、查干木伦河沿岸。三门台吉在巴彦罕

① 巴林右旗一门台吉胡·斯琴毕力格提供资料,2014 年 4 月 8 日于巴林右旗大板镇采访。

② 《钦定外藩蒙古回部王公表传》卷二十八《扎萨克多罗郡王色布腾列传》。

山以南，西拉木伦河盆地。第四门台吉的牧场地处昭胡都格、巴彦塔拉一带[①]。巴林右旗王府最初在今大板镇旗政府西南方，后迁至今大板镇中心地带。其间由于地下水位下降导致挖井困难，曾搬至沙巴尔台地方。有清一代，巴林王府在沙巴尔台与今大板镇之间迁移几次，其具体搬迁时间已无法断定（图 4）。

文献所记清代巴林四门台吉的主要活动与清朝的重大军事活动密切相关。康熙至乾隆年间，清朝统一全国的战争正进行。从平定吴三桂、布尔尼、灭噶尔丹到清廷在卫拉特地区确立统治为止，巴林右旗的蒙古王公屡次率部参战，为清廷立下不少战功。

1673 年（康熙十二年），康熙帝下令撤藩。平西王吴三桂自称周王，联合平南王世子尚之信、靖南王耿精忠及广西将军孙延龄以及陕西提督王辅臣起兵反清，军入桂、川、湘、闽、粤、赣、陕、甘等省，史称三藩之乱。清政府调重兵全力镇压，巴林右旗郡王鄂齐尔等诸外藩蒙古扎萨克王“争献所携马匹助军”[②]。次年，淑慧公主第二子格呼尔图联合巴林左旗台吉茂奇塔特[③]率巴林左右旗几千骑兵，与清朝绿营兵汇合后形成一万兵的队伍赴西南作战[④]。格呼尔图从军七年，三藩之乱历经八年结束，格呼尔图

① 巴林右旗一门台吉胡·斯琴毕里格提供资料，2014 年 4 月 8 日笔者于巴林右旗大板镇采访。

② 《清圣祖实录》卷四十四，康熙十二年十二月甲子条。另见《清朝圣祖朝实录蒙古史史料抄》（上）第 128 页。

③ 《钦定外藩蒙古回部王公表传》卷二十八《固山贝子色棱列传》。

④ 《旧氏族谱》，第 26 页。

参与了其中大部分战事[1]。平定三藩之乱后,康熙皇帝封格呼尔图为辅国公和旗协理,赏狐皮大衣一件、镀金甲胄一副[2]。格呼尔图是巴林右旗最早参加清廷战事并因此得到封赏的人物。格呼尔图生九子,其中长子那木聪为多罗额驸[3]、旗协理,袭一等台吉爵位[4]。

1675年(康熙十四年)二月,察哈尔布尔尼趁吴三桂叛乱,预谋救其狱中的父亲阿布奈,兴兵造反。康熙听闻后,遣人召布尔尼兄弟、巴林王鄂齐尔兄弟、翁牛特王杜楞兄弟等入京觐见。诸王均来到了京城,只有布尔尼兄弟没有来到。布尔尼"于三月十七日,执侍卫塞棱,约二十五日举事。"清朝立刻派兵镇压,命多罗信郡王鄂札为抚远大将军,大学士都统图海为副将军,帅师讨伐布尔尼[5]。《王公表传》记载,"巴林郡王鄂齐尔闻召即至,随抚远大将军信郡王鄂札讨平之。"[6]鄂齐尔当时已是巴林右旗扎萨克郡王,在1674年(康熙十三年),鄂齐尔已遣其弟格呼尔图率兵前往西南参加平定三藩之战,这一次亲自率兵镇压布尔尼之乱。巴林史学家拉西朋楚克所写的《水晶念珠》中对鄂齐尔带兵镇压布尔尼的事情只字未提,可能作者在有意回避这件事情。

---

① 拉西彭楚克:《水晶念珠》,第880页。

② 《旧氏族谱》,第27页。

③ 参见杜家骥《满蒙联姻研究》第72页《清皇家与巴林蒙古联姻总表》(那木聪娶平郡王罗可多女为妻)。

④ 拉西彭楚克:《水晶念珠》第887页。

⑤ 《清圣祖实录》卷五十三,康熙十四年三月。另见《清朝圣祖朝实录蒙古史史料抄》(上)第153页。

⑥ 《钦定外藩蒙古回部王公表传》卷二十八《扎萨克多罗郡王色布腾列传》。

而蒙文文献《旧氏族谱》记载了此次事件。

拉丁文转写如下：

buranai wang buruγu sedkil töröjü čerig bosγaju qaγan luγ-a temcildügegsen (temeceldügsen)-dür ečin (eǰen) qaγan-bar γajar γajar-un čerig morda kemen ǰarliγ baγulaγsan (baγulγaγsan) - dur man-u qusiγun-u wang čerig mordaqui-dur güngjü mama-dur barlaγsan (baraγalaγsan)-dur ǰarliγ anu miq-a yasun-i büü ilaγ-a (ilγ-a), čerig-ün üngge-yi üǰeǰü yabu kemen surγasan (surγaγsan)-dur O wang mordaǰu kürübesü (kürbesü), buranai wang-i kedün dabqur čerig büseleǰüküi. čerig-dür tuslaǰu (tusalaǰu) yabutala (yabutal-a), nigen süni buranai dutaγan γaruǰu (γarču) qoyitu jüg öledd (ögeled) caγan arabtan-dur ečibe gekü, üligsen naiman qusiγun ulus-i eǰen-u tende quriyan abuγsan, edüge naiman qusiγun čaqar boi.[①]

汉译如下：

布尔尼王生逆心起兵与圣上争斗。圣上下旨命各地出兵马讨伐之。我旗鄂王出兵前觐见公主妈妈，公主教诲："视军情而战，勿念及骨肉。"鄂王率兵至，布尔

① 《旧氏族谱》，第29页。

尼已被层层包围，(鄂王)助阵清军。据称一晚布尔尼逃出围军向北投奔卫拉特察干阿拉布坦。圣主收服剩余八旗部众，如今有察哈尔八旗。

根据上述史料，巴林右旗扎萨克郡王鄂齐尔奉旨出兵镇压布尔尼，出兵前，鄂齐尔赴其母淑慧公主处听其教诲。淑慧公主言："视军情而战，勿念及骨肉"，巴林右旗的王公贵族出自清廷公主，他们的利益早已与清朝的利益紧紧相连。但作为一个皇室公主，淑慧公主嘱其子鄂齐尔要看清军情，不要念及布尔尼与其同为蒙古黄金家族，以致在战中心软，甚至阵前倒戈。

这段史料还有一处有趣的地方。说布尔尼逃出围军投奔了卫拉特的察干阿拉布坦(čaγan arabtan)。这里说的察干阿拉布坦，显然是巴林人对策妄阿拉布坦的误读。布尔尼投奔策妄阿拉布坦这一毫无根据的说法显然出自巴林蒙古人自己的臆想。而真实的历史是布尔尼兄弟于 1675 年(康熙十四年)五月被科尔沁和硕额驸沙津在扎鲁特旗境内射杀[①]。可能巴林蒙古人并不愿意接受蒙古察哈尔汗后裔被同族射杀的事实，因此就编出了布尔尼远走逃脱的故事。在蒙古其他部落如在科尔沁、乌珠穆沁、阿巴嘎，至今流传着相同内容的传说。

清朝在平定三藩之乱后，全国出现稳定的局面。清朝有了积极干预喀尔喀以及准噶尔事务的可能性。巴林右旗四门台吉此后的军事行动全部与准噶尔战事有关。1688 年(康熙二十七

① 《清圣祖实录》卷五十五，康熙十四年五月。另见《清朝圣祖朝实录蒙古史史料抄》(上)第 160 页。

年)，准噶尔首领噶尔丹带兵深入喀尔喀腹地。清廷与俄国进行谈判，签订《中俄尼布楚条约》，通过割让大片的蒙古土地，使俄国在噶尔丹战事中中立。1690年(康熙二十九年)六月，噶尔丹南下，越过清朝边界，进入到乌珠穆沁境内。尚书阿喇尼在乌尔会河与噶尔丹军交锋。阿喇尼由于不顾康熙告诫违命轻战，以至败绩[①]。在乌尔会河战败后，康熙开始调动大军，准备彻底消灭噶尔丹军队。1690年(康熙二十九年)七月，康熙下令调动了京师各兵与内扎萨克蒙旗兵共十万，命裕亲王福全统领，分两路军集结于巴林境内待命[②]。噶尔丹进克什克腾弼劳古驻营。康熙得知后通知大军前往克什克腾境内等候。八月初一，清军与噶尔丹军在克什克腾旗乌兰布通大战。巴林右旗的四门台吉率旗内兵丁参加了乌兰布通战役。《水晶念珠》中将四门台吉从征准噶尔的行动称为"征准噶尔贼"(ǰegün γar-un qulaγayici-yi dayilaqu)。结合《王公表传》、《旧氏族谱》以及《水晶念珠》中的记载，可以得知当时巴林右旗参加乌兰布通战役的领军人物有鄂齐尔子——当时的巴林右旗扎萨克郡王纳木达以及淑慧公主第二子格呼尔图[③]。《旧氏族谱》记载：

öledd (ögeled)-ün γaldan bosiγtu (bošuγtu) tayiǰi terigülen γurban tümen čerig γada ireǰü qalaq-a

---

① 温达等撰:《亲征平定朔漠方略》卷六，中国藏学出版社，1994年。

② 《清圣祖实录》卷一四七，康熙二十九年秋七月。另见《清朝圣祖朝实录蒙古史史料抄》(上)第506页。

③ 《钦定外藩蒙古回部王公表传》卷二十八《巴林部总传》。《旧氏族谱》第30页；《水晶念珠》第880页。

(qalq-a)-yi bosniγulun, erdeni ǰuu-yin nom sitügen-i sarniγulun siγud yabuǰu kesigten-ü ulan (ulaγan) botang neretü γajar-tur ireged saγuqui-yi boγda eǰen sonusuγad γajar γajar-un čerig arban tabun nasutu-ača degesi (degegsi) cöm morda kemen ǰarliγ baγulγan bičig tarqaqu. man-u qusiγun wang noyad tayiǰi nar quyaγ-un kümün čerig mordaǰu udaγsan ügei daruǰu ireged öledd (ögeled)-ün čerig cöm dutaγan qariǰu odba.[1]

汉译：

卫拉特噶尔丹博硕克图率三万大军扰喀尔喀，焚额尔德尼召，长驱直入到克什克腾乌兰布通地方驻兵。圣上闻后下旨派各地十五岁以上兵丁全部从军。我旗众王公台吉兵甲参军征战，未几平定，卫拉特兵全部逃溃。

根据《旧氏族谱》，这次战役不仅有巴林右旗众台吉参加，弘吉剌十苏木和巴林左旗的台吉们也率兵参加。在此次战役中，弘吉剌十苏木的首领因表现颇佳而分别受到一等台吉和三等台吉的封赏，另有一人获封云骑尉[2]。弘吉剌部剌巴台洪台吉于淑慧公主时期率弘吉剌余部投附巴林右旗，被编为十苏木驻牧于旗东南部。该部自古骁勇善战，部民善于摔跤、骑射，在清朝组

[1] 《旧氏族谱》，第 30 页。
[2] 《旧氏族谱》，第 30 页。

织的战役中表现很突出。

乌兰布通战后，噶尔丹锐气大伤。1694 年(康熙三十三年)，噶尔丹集结属下向克鲁伦方向移牧。《水晶念珠》记载，这一年鄂齐尔子桑哩达与其叔阿拉布坦抵达克鲁伦河，抓获了一名卫拉特兵[①]。这两名巴林台吉可能是为打探驻牧于克鲁伦河的噶尔丹情报而去的。1695 年(康熙三十四年)，康熙准备亲征噶尔丹。10 月，京师大兵及各路兵马整备已就。这时，巴林扎萨克郡王那木达克，台吉阿拉布坦以及额驸乌尔衮则被调遣到乌朱穆沁备战[②]。1696 年(康熙三十五年)二月，康熙皇帝率中路大军离开京城，开始了他对噶尔丹的亲征。西路大军分别从宁夏、归化城出发，东路大军在克鲁伦河下游防止噶尔丹的继续东进[③]。四月，噶尔丹在昭莫多地方遇到清军西路军，激战六个小时后，其主力丧失殆尽。1697 年(康熙三十六年)，噶尔丹在科布多阿察阿木塔台地方病逝。

噶尔丹败亡后，其侄子策妄阿拉布坦统治准噶尔汗国。1715 年(康熙五十四年)三月，准噶尔名将大策凌敦多卜为试探清军的兵力和设防情况，派遣了一支人数不多的军队攻打当时已是清朝属地的哈密。这促使清朝派出两路大军防阿尔泰和巴尔库尔。其北路阿尔泰达阿尔泰山阴，云集了内外扎萨克及满

---

① 拉西彭楚克:《水晶念珠》，第 881 页。

② 《清圣祖实录》卷一百六十八，康熙三十四年十月壬子条。另见《清朝圣祖朝实录蒙古史史料抄》(上)第 654 页。

③ 齐木德道尔吉:《首次亲征噶尔丹时的康熙皇帝》，载《满学研究》第五辑，民族出版社，2000 年 12 月。

汉官兵两万三千余人。其西路达巴尔库尔，聚集了满蒙汉官兵一万七千余人。巴林右旗扎萨克郡王乌尔衮率全旗兵马入北路军。

根据《旧氏族谱》，康熙下令各盟旗出兵马，巴林右旗扎萨克郡王兼昭乌达盟盟长乌尔衮，请旨各盟携带自己的战马粮食参战。乌尔衮因此被封为昭乌达盟将军。1716 年（康熙五十五年），乌尔衮先在巴林右旗圣山巴尔达木哈拉山山顶立风马旗，祈祷巴林军队凯旋而归，随后携其弟桑哩达奔赴北路军①。1717 年（康熙五十六年）三月，康熙命富宁安为靖逆将军，统率西路军，命公傅尔丹为振武将军，统率北路将军。两路将军分路袭击准噶尔边境，打游击战，在准噶尔境内造成恐慌和混乱，以使策妄阿拉布坦请罪臣服②。乌尔衮所统领的昭乌达盟军队与北路大将军汇合后，与准噶尔军交战几个回合③。1720 年（康熙五十九年）七月，西北两路清军与进藏大军遥相配合向准噶尔发起猛烈攻势。桑哩达带百余兵随前锋统领定寿等参战，俘虏宰桑贝坤等百余人④，又与其兄乌尔衮一同抓获 23 个准噶尔兵⑤。清军分别在 1717 年和 1720 年侵犯准噶尔边境，杀掠人畜，焚烧粮

① 《旧氏族谱》，第 36 页。

② 《清圣祖实录》卷二百七十，康熙五十五年十一月辛酉条。另见《清朝圣祖朝实录蒙古史史料抄》（下）第 1203 页。

③ 《旧氏族谱》，第 36 页。

④ 《钦定外藩蒙古回部王公表传》卷二十八，《巴林部总传》。

⑤ 拉西彭楚克：《水晶念珠》，第 882 页。

草[①]。桑哩达参与了其中一次清军纵火烧田的行动[②]。后清廷在封赏军中有功之臣时，封桑哩达为辅国公和协理[③]。8 月，两路清军从准噶尔撤军。在这场胜战中，巴林右旗投入了大量人力物力，损失惨重。旗扎萨克乌尔衮在撤军的路上去世。桑哩达在其中一场战役中头部中枪，险些丧命[④]。史料记载，由于乌尔衮在出兵时提议自己携带战马粮食，在经过长达五年的征战后巴林右旗的兵马劳乏至极[⑤]。

1727 年（雍正五年），噶尔丹策凌成为准噶尔汗国新的统治者。此前清朝在征西藏的战争中刚刚取得胜利，对青藏地区的统治还未稳固。而青海和硕特家族的罗卜藏丹津又投靠了准噶尔，清朝屡索不得。鉴于西藏地区的形势，清朝决定一举平定准噶尔，以求一劳永逸。这一次清廷派蒙古各旗兵丁、索伦军以及绿旗兵参战[⑥]。1729 年（雍正七年），清廷命博尔丹为靖边大将军，驻屯阿尔泰，为北路军；命岳钟琪为宁远大将军，驻屯巴里坤，为西路军。此时巴林右旗年过花甲的辅国公桑哩达因其侄子琳布犯法被革职，接替了其扎萨克的职位。桑哩达携协理台

---

① 留金锁等：《蒙古族通史》（中卷）（修订版），民族出版社，2001 年 1 月。第 289 页。

② 拉西彭楚克：《水晶念珠》，第 882 页。

③ 《旧氏族谱》，第 36 页。原文拉丁文转写：J̌irγuγan J̌il bolǰu öledd（ögeled）-ün čerig-i cöm daruγad，kücü ögegögsen（öggögsen） noyad tüsimed-i bayičaqui（bayičaγaqui） čaγ-dur（tur） man-u qusiγun-u tayiǰi sangγirida-yi güng ba tusalaγči bolγaǰuqui.

④ 同上，第 36 页。《水晶念珠》中记载桑哩达在额尔德尼召战役中头部中伤（《水晶念珠》第 882－884 页）。

⑤ 《旧氏族谱》，第 36 页。原文拉丁文转写：man-u qusiγun-u čerig überün unaγ-a（unuγ-a） künesün büküyin tula maši yeke jüdebe gekü.

⑥ 同上，第 41 页。

吉伊拉古齐子鄂琳沁、圆会寺占星喇嘛毕力格图及旗内壮丁若干人，于1731年(雍正九年)偕同昭乌达盟军汇合大将军率领的北路军。10月抵达军营，与喀尔喀策棱额驸、副将军丹津多尔济等人合兵在苏克阿尔达胡地方参战。桑哩达生擒一名叫多尔济的准噶尔兵。之后又乘胜追击，与一名叫额其尔的章京共同擒获数名准噶尔军[①]。1732年(雍正十年)，北路副将军王丹津多尔济、额驸策凌统领满洲、蒙古、索伦、喀尔喀等兵二万余人，在额尔德尼召大败准噶尔军，歼灭了近万人。在这场战役中，桑哩达同翁牛特贝勒罗布藏与敖汉贝子罗卜藏参战，从八月初四巳时开始战斗，夺下一座山头，到次日黎明为止连战六次。日暮时，桑哩达等人与大军汇合[②]，大军“追至大山梁间，杀贼万余。尸遍山谷，河流尽赤，负伤逃走者甚众。”[③]准噶尔剩下的败兵逃亡图拉河，桑哩达随军追至图拉河[④]。桑哩达在这一次战役之后受到了丰厚的赏赐。

在清朝组织的战争中，巴林王除了亲自带兵出战，还要为前线提供战马。《旧氏族谱》记载，1732年(雍正十年)，桑哩达长子琳沁携众台吉及兵丁将昭乌达盟战马送至额尔德尼召战役前线。1733年(雍正十一年)，巴林右旗众台吉又一次送战马至准

① 拉西彭楚克:《水晶念珠》，第882页

② 同上，第883页。

③ 《清世宗实录》卷一百二十二，雍正十年八月壬申条。另见《清朝世宗朝实录蒙古史史料抄》第292页。

④ 拉西彭楚克:《水晶念珠》，第883页。

噶尔战争前线[1]。皇帝为此对琳沁赞赏有加，封其为头等台吉并旗协理[2]。

1752年（乾隆十七年），达瓦齐称准噶尔汗。此时与他决裂的昔日盟友阿睦尔撒纳决定利用清朝军队铲除眼中钉达瓦齐。1754年（乾隆十九年），阿睦尔撒纳降清，恳求清廷立即出兵讨伐达瓦齐，清廷遂出兵征讨达瓦齐。巴林右旗扎萨克亲王琳沁率昭乌达盟两千骑兵随定北将军班弟征讨达瓦齐[3]。《旧氏族谱》记载了琳沁统领的昭乌达盟军的行军过程。1754年（乾隆十九年）乾隆帝围猎时琳沁随行，皇帝赐亲王品级，命琳沁带领昭乌达盟兵马赴准噶尔擒获达瓦齐[4]。琳沁奉旨清点盟内各扎萨克诺颜以及兵马后，请巴林右旗扎萨克喇嘛绰尔济·锡呼图喇嘛格呼格坚赞为昭乌达盟大军进行了大白伞盖佛母的灌顶。又携巴林右旗圆会寺占星喇嘛吴王以及荟福寺喇嘛医生巴拉珠尔与大军同行。昭乌达盟军行至敖鲁乃地方过冬，大将军至书琳沁，告知其来年春天进军准噶尔。于是琳沁又率昭乌达盟大军前往喀尔喀哲布尊丹巴处朝拜献礼，并接受灌顶。后继续赶往准噶尔[5]。五月大军行至伊犁，此时达瓦齐已逃至格登山。达瓦齐在出逃喀什噶尔途中被抓获。大将军至书琳沁，告知达瓦

① 《旧氏族谱》，第41页。

② 《旧氏族谱》，第42页。

③ 拉西彭楚克：《水晶念珠》。第883页；《钦定外藩蒙古回部王公表传》卷二十八记载琳沁为桑哩达长子，乾隆十九年任昭乌达盟盟长，获亲王品级，次年任议政大臣。

④ 《旧氏族谱》，第50页；《钦定外藩蒙古回部王公表传》卷三《巴林部·琳沁》。

⑤ 《旧氏族谱》，第51页。

齐已被擒获，遂各路军返还[1]。琳沁在撤军途中患病，于1765年去世[2]。

准噶尔战役结束后，巴林右旗也随着清朝的安定进入了太平盛世的岁月。清廷开始封赏立下赫赫战功的巴林右旗王公。清朝皇帝接见和封赏蒙古王公的主要场所除了京城的皇宫外，还有木兰围场。围场的选址与设置跟绥柔蒙古有着直接的关系，魏源写道："本朝抚绥蒙古之典，以木兰秋狝为最盛"，康熙时期，蒙古诸部献其牧地，归为围场[3]。木兰围场地处蒙古各部中，东北为翁牛特界，东及东南为喀喇沁界，北为克什克腾界，西北为察哈尔正蓝旗界，西及西南为察哈尔正蓝、镶白二旗界，南为热河厅界。巴林处在围场外北部[4]。未出痘而不便到京城朝觐的蒙古各部王公被编入"围班"，轮流到木兰围场陪同打猎。魏源曾如此描述蒙古王公分班到木兰围场陪同皇帝打猎的情形："岁举蒐狩，车攻马同，以师兵为营位。凡内外各扎萨克，悉率左右，分班扈猎，星罗景从，霆驱雨合。而天子亲御王弧，止齐步伐，三驱田禽，寓绥远于训武。"[5]巴林王公每年按"围班"到木兰围场陪同皇帝打猎，清廷与巴林王公的交流与对他们的封赏也主要在此地完成。

1743年(乾隆八年)，皇帝围猎，此时为旗协理台吉的琳沁

① 《旧氏族谱》，第51页。
② 《钦定外藩蒙古回部王公表传》卷二十八，《巴林部总传》。
③ 魏源：《圣武记》卷三，中华书局点校本，1984年。
④ 《钦定热河志》卷四十五，四库全书文渊阁本。
⑤ 魏源：《圣武记》卷三。

因在围猎中表现颇佳而得到皇帝赏识，被封为辅国公，赐花翎以及坐褥。1748年(乾隆十三年)琳沁进京朝觐时承袭扎萨克多罗郡王，1749年(乾隆十四年)跟随皇帝围猎，赐和硕齐称号，1750年(乾隆十五年)，封昭乌达盟盟长[①]，1754年(乾隆十九年)封亲王，又授予议政大臣。琳沁为清代仅有的两位蒙古议政大臣之一(另一位为喀尔喀赛因诺颜汗部车布登扎布)。琳沁有二子。长子德勒克，次子巴图。皇帝赐长子德勒克和硕和婉公主，授和硕额驸[②]。1756年(乾隆二十一年)琳沁携二子参加围猎，皇帝曰："你的儿子一个可做文官、另一个可做武官"。遂长子德勒克被封为辅国公[③]。琳沁在征战达瓦齐撤军途中患病，于1765年(乾隆三十年)去世。其长子德勒克本应承袭琳沁王爵，但因身体较之其弟巴图稍弱，而巴图骑射娴熟，于是令巴图承袭扎萨克爵位。德勒克授以公爵在内廷行走，在清字经馆翻译经卷，后晋封固山贝子，擢理藩院额外侍郎，又充国史馆副总裁[④]。德勒克与其妻和婉公主居住在京城，直至去世。巴图于1756年(乾隆二十一年)袭巴林右旗扎萨克多罗郡王，1765年(乾隆三十年)皇帝围猎时命御前行走[⑤]。

巴图一方面利用围猎的时机尽力表现，获得了乾隆皇帝的赏识，另一方面还在围猎时推荐英勇和得力的人才。如一次围

---

① 《旧氏族谱》第47页；《钦定外藩蒙古回部王公表传》卷二十八《巴林部总传》。

② 《钦定外藩蒙古回部王公表传》卷二十八《固山贝子德勒克传》。

③ 《旧氏族谱》，第47页。

④ 《钦定外藩蒙古回部王公表传》卷二十八《固山贝子德勒克传》。

⑤ 《钦定外藩蒙古回部王公表传》卷二十八《巴林部总传》。

猎时巴图向皇帝举荐自己的堂哥苏德诺木拉希是好汉，皇帝赏花翎，命御前行走[①]。《旧氏族谱》还记载，巴图曾举荐过喀尔喀、卫拉特、内扎萨克蒙古四十九旗以及索伦、满洲八旗许多人，使得他们获得皇帝的赏识与封爵[②]。巴图长子索德诺木道尔吉也在围猎时获赏，赐双眼花翎，封御前行走[③]。巴图于 1776 年（乾隆四十一年）八月奉命赴乌里雅苏台任定边左副将军，在乌里雅苏台任职四年[④]。1783 年（乾隆四十八年）赐亲王品级[⑤]。

巴图亲王是一个很受巴林右旗人民尊重和爱戴的扎萨克王，被称为将军太爷王（J̌angJ̌un tayiye wang）。关于巴图王英雄事迹的传说也有很多，其中不乏像"将军太爷王智斗和珅"这样的故事。传说巴图被任命乌里雅苏台将军远赴喀尔喀长达四年之久，也是因为遭和珅暗算所致。不过此传说真实性令人质疑。巴图亲王有虔诚的信仰，他不仅尊崇佛教，还极其重视蒙古的传统习俗，曾封圣山建鄂博。1770 年（乾隆三十五年）他邀请拉卜楞寺活佛嘉木样协巴二世到巴林右旗的阐化寺弘法，并在这里举行了盛大的法会，法会上全旗为活佛献上数量庞大且奢华的贡品[⑥]。巴林右旗大板镇南部的山原名为巴尔达木哈拉山，

① 《旧氏族谱》，第 52 页。

② 同上，第 54 页。

③ 同上，第 57 页。

④ 蒙古学百科全书编委会：《蒙古学百科全书》（古代史卷），内蒙古人民出版社，2007 年，第 558 页，《定边做副将军暨乌里雅苏台将军年表》。

⑤ 《钦定外藩蒙古回部王公表传》卷二十八《巴林部总传》。

⑥ 乔吉：Ein neugefundenes Werk des Rasipungsuh , Asiatische Forschungen, Otto Harrassowiz • Wiesbaden 1989 P94.

巴图王接受本旗堪布喇嘛的建议，将巴尔达木哈拉山改名为巴彦罕山，将其封为圣山，同时举行盛大的封山仪式。仪式上，王公贵族与喇嘛汇集于圆会寺，举行念佛诵经的活动。巴图王下令，每年农历六月初八都要举行八天的诵经大会[①]。此习俗一直延续到20世纪60年代。1775年(乾隆四十年)，堪布喇嘛提议众王公上罕山山顶飘风马旗，以此来提升精神和名望。巴图王带领十余人，堪布喇嘛携十名弟子步行到罕山山顶。到达山顶后众人飘放风马旗，喇嘛们吹号、念经。活动结束后，巴图与堪布喇嘛商定了日后在此建立鄂博的事情[②]。同年七月皇帝围猎时，巴图觐见，皇帝将巴图女儿指婚给永珹子贝勒绵惠[③]，巴图王甚喜，命堪布喇嘛加紧筹备建鄂博事宜。1776年(乾隆四十一年)堪布喇嘛挑选了罕山西麓的塞音宝力格的地方建鄂博，七月初七建成，令众喇嘛念诵《甘珠尔》经。十三日旗内大小王公全部到场，举行了盛大的祭祀仪式。在仪式上巴图王向天地宣告，从今往后谁也不准动巴彦罕山的一草一木，不准打猎，鄂博的名字为钦达木尼查干鄂博。规定每年秋季祭祀该鄂博。仪式上众王公还向旗内扎萨克喇嘛绰尔济·锡呼图喇嘛格呼格坚赞敬献大量的哈达、牲畜和银两[④]。

巴图去世后，其子苏德那木多尔济袭爵，苏德那木多尔济之后那木济勒旺楚克、阿拉木斯巴雅尔、鄂尔其(黑)木巴雅尔和扎

① 《旧氏族谱》，第58页。

② 《旧氏族谱》，第58页。

③ 《旧氏族谱》，第59页；杜家骥《满蒙联姻研究》第74页。

④ 《旧氏族谱》，第60页。

噶尔等人先后承袭巴林右旗扎萨克职位。除了末代巴林王扎噶尔，关于上述清代巴林扎萨克的文献记载非常有限。只有《续纂王公表传》中记载了以上扎萨克王公的承袭时间以及去世时间。而叙述巴林历史的蒙古文献《水晶念珠》和《旧氏族谱》只讲述到巴图王时期。清代巴林右旗的档案已在"文革"中被烧毁。据一门台吉后裔胡·斯钦毕力格讲，自己家曾有家谱，但"文革"开始时其父亲拿到火房将其烧毁，另一个台吉后裔将家谱包在毡子里埋在沙窝子里，之后未曾找到。其他有家谱的人，也都在"文革"时或销毁或丢弃。如今有关这些王公的只剩下了几段传说，在此将不再赘述。

第三章 巴林右旗人口成分变化

入清以后，巴林部的人口主要由三个部源组成，它们分别为巴林部、弘吉剌部和燕支满洲人。弘吉剌余部在淑慧公主时期被编入巴林右旗，分十个苏木（后变成八个苏木）。燕支满洲人是跟随淑慧公主和荣宪公主来到巴林右旗的陪嫁人口，他们共有540户。下文对巴林右旗原苏木以及后来的弘吉剌八苏木和燕支满洲人的情况做一些探讨。

第一节　巴林部各苏木

1634年（天聪八年）十月二十二日，阿什达尔汗、达雅齐二人与蒙古八旗诸贝勒以及敖汉、奈曼、巴林、扎鲁特、翁牛特、四子、塔赖、吴喇忒、喀喇沁、土默特各部落管事诸贝勒在硕翁科尔地方举行大会，划定蒙古诸部牧地[1]。定巴林部牧地为：潢河（今西拉木伦河）北岸（图3），东至鄂拜山（今苏贝山），南至巴尔达木哈拉山（今巴彦罕山），西至毕柳图山（今碧流汰）、北至哈达图吉鲁克、东南至马达虎沙地（今塔玛哈芒哈）、西南至邁拉索图哈起克、东北至巴彦乌兰岭（今乌兰达坝）、西北至阿噜亥喇汉山（今阿尔海日罕山）[2]。在硕翁科尔大会上，除了划定巴林部牧地，还初步设定了巴林部户数：其中"塞特尔800户、满珠习礼800户"[3]。

关于1636年（崇德元年），阿什达尔汗、达雅齐等人至外藩蒙古编翁牛特、巴林、奈曼、敖汉、扎鲁特、四子、乌拉特以及科尔沁部牛录之事，《满文原档》有详细的记载（图5）。其中关于在巴林部编牛录情况如下，拉丁文转写：

> O barin-i ayusi sunja tanggū ninju boo. juwan emu niru. janggin-i gebu menggelei, kubege, buhandai, guluge, usuhai, babuhū, jaisang, mangkad, bayandai, haisa, baisgar. O moo kitad-i orin boo. kobilgan-i tofohon boo. gumui uyun boo. gurbusai juwan ninggun boo. ese emu niru. janggin-i gebu bayar. ere uheri ninggun tanggū orin boo. juwan juwe niru.

---

① 《清太宗实录》卷二十一，天聪八年十一月壬戌条。另见《清太祖太宗世祖朝实录蒙古史史料抄》第310页。

② 张穆：《蒙古游牧记》卷三《内蒙古昭乌达盟游牧所在·巴林》。

③ 《清太宗实录》卷二十一，天聪八年十一月壬戌条。另见《清太祖太宗世祖朝实录蒙古史史料抄》第310页。

O barin-i manjusiri nadan tanggū nadanju boo. tofohon niru. janggin-i gebu laba, engkesen, guibung, jungtu, esen, temdei, seuse, menggen, jungtu, bayar, jobin, hodutu, batu, unege, engkesen. O sereng efu-i emu tanggū juwan boo. juwe niru. janggin-i gebu uladai, sanggarjai, ere uheri jahūn tanggū jahūnju boo. juwan nadan niru.[①]

汉译如下：

巴林阿玉石五百六十户，编为十一牛录。章京名：孟格来，库伯格，布罕岱，古鲁格，乌苏亥，巴布呼，塞桑，莽哈德，巴彦岱，海萨，百萨嘎尔。

茂奇塔特二十户，胡比拉干十五户，古穆九户，古尔布色十六户，合编为一牛录。章京名：巴雅尔。以上共六百二十户，十二牛录。

巴林满珠习礼七百七十户，编为十五牛录。章京名喇巴，恩科森，奎蹦，钟图，额森，德木泰，蒐色，孟根，钟图，巴雅尔，照宾，胡都图，巴图，乌讷格，恩科森。

色棱额驸一百一十户。编为二牛录。章京名：乌拉岱，桑嘎尔寨。以上共八百八十户，十七牛录。

综上所述，阿玉石统领 11 牛录 560 户，茂奇塔特等人统领 1 牛录 60 户，共 12 牛录 620 户。满珠习礼统领 15 牛录 770 户，色

① 《满文原档》第 10 册，第 584－585 页。

棱统领的 2 牛录 110 户,共 17 牛录 880 户。

虽然此时并没有明确区分巴林左右二旗,但是从此次牛录的编排中可以看到,阿玉石统领的 11 牛录和茂奇塔特统领的 1 牛录共同构成 12 牛录,成为巴林右旗之前身。而满珠习礼的 15 牛录和色棱的 2 牛录共同构成 17 牛录,成为巴林左旗之前身。此外,前面考证阿玉石为巴林部塞特尔长子,因此属于巴林右翼首领,根据《水晶念珠》茂奇塔特为巴林部布格得尔昂嘎长子,布格得尔昂嘎子孙后来全部成为巴林右旗王公。而根据《水晶念珠》,满珠习礼和色棱分别为和托果尔昂嘎和乌布格岱之子,和托果尔昂嘎和乌布格岱子孙后来掌管了巴林左旗。因此综合上面的内容可以判定,在崇德元年时巴林左右二旗已基本定型。

正式设巴林左右二旗扎萨克王的年份为 1648 年(顺治五年)。封色布腾为扎萨克辅国公,掌右旗。满珠习礼为扎萨克固山贝子,掌左旗①。

到咸丰年间,巴林右旗已有 26 个佐,左旗有 16 个佐②。巴林左旗从崇德年间的 17 个佐减为 16 个佐,而人口变化并不明显。而巴林右旗从崇德年间的 12 个佐增为 26 个佐,佐数翻一倍还多。增加的 14 个佐及其人口,来自于淑慧公主时期被编入的弘吉剌部 10 个苏木(佐)的人口和随嫁来的燕支满洲人。

---

① 《钦定外藩蒙古回部王公表传》卷二十八《巴林部总传》。

② 张穆:《蒙古游牧记》,卷三,《内蒙古昭乌达盟游牧所在·巴林》。

第二节　弘吉剌八苏木

16 世纪初，达延汗分封诸子，第六子阿尔楚博罗特与第十一子格哷森扎分喀尔喀万户，阿尔楚博罗特得到喀尔喀左翼，其子虎喇哈赤于 16 世纪中叶率部南下。他的五子分封形成内五喀尔喀五部——扎鲁特、巴林、弘吉剌、巴岳特和乌济业特部。内喀尔喀五部组成了一个松散的联盟，驻牧于辽河河套地区以及西拉木伦河以北地区。根据达力扎布先生的研究，内五喀尔喀的分布自西南向东北分别为巴林、乌济业特、巴约特、弘吉剌、扎鲁特部。喀尔喀五部在西拉木伦河迤南都有游牧地，其南界直至明边墙，其中巴林、乌济业特、巴约特三部在辽河河套内的牧地更大，西面的巴林，乌济业特等部由于西北有大兴安岭山脉阻隔，在西拉木伦河北面的牧地不够宽广，位置比较偏南，而东面各部的位置则比较偏北，大部分牧地在西拉木伦河以北[①]（图 6）。

弘吉剌部由虎喇哈赤的第三子乌班贝穆多克沁及其子孙统治。乌班贝穆多克沁有鄂木图和奇塔特二子[②]。乌班次子奇塔特“骁勇而多智”，因此被称为达尔罕巴图鲁。鄂木图驻帐在弘吉剌部的西部地区。奇塔特驻帐地距鄂木图驻帐地有四十里，

---

① 达力扎布：《明代漠南蒙古历史研究》，第 141－142 页

② 答里麻著，乔吉校注：《金轮千辐》第 200 页；《辽夷略》记载兀班有二子，曰暖兔、曰伯言儿。《明代蒙古汉辑史料汇编第二辑》第 479 页。

在古路半升户儿地方[1](今天扎鲁特旗南部、鲁北镇、科右中旗一带)。奇塔特曾是统率内喀尔喀五部的杰出首领。1594年(明万历二十二年)因入犯高平负伤而死[2]。其子寨赛驻帐于鄂木图驻帐地东北六十里外[3]。

奇塔特死后,子寨赛成为弘吉剌部首领,寨赛亦是喀尔喀左翼的实力派人物。弘吉剌部属和兵丁数量在弘吉剌、扎鲁特、巴约特二十二营中最多。《开原图说》记载:"一营暖兔(鄂木图),部落万余,精兵三千骑。一营寨赛,部落万余,精兵五千骑"[4]。《辽夷略》记载,寨赛三子"有兵一万五千骑,强矣……"[5]。

1619年(万历四十七年)居住铁岭以北的内喀尔喀五部,欲与爱新国争夺铁岭的控制权,在寨赛的率领下在辽河与爱新国军队进行了一次战争。努尔哈赤在铁岭一举击溃了寨赛率领的内喀尔喀与科尔沁联军,抓获了寨赛及其二子色特希尔、克石克图和扎鲁特部巴克、色本,科尔沁桑阿尔寨等人。努尔哈赤将寨赛作为人质以"饵其部落"[6]。寨赛被抓后,内喀尔喀五部倍感压力,决定遣使求和。是年十月,"五喀尔喀之主"乌济业特部首领炒花率众贝勒共同至书努尔哈赤,提出求和联盟的要求。十一月,双方在噶克察漠都冈干塞忒勒黑举行会盟,制定了政治与军

① 张鼐:《辽夷略》第478页。

② 张鼐:《辽夷略》第479页。

③ 冯瑗:《开原图说》,薄音湖,王雄点校:《明代蒙古汉籍史料汇编》,内蒙古大学出版社,2006年。第468页。

④ 同上,第462页。

⑤ 张鼐:《辽夷略》,第479页。

⑥ 同上。

事的攻守同盟。弘吉剌部参加会盟的人有鄂木图之子莽古勒岱、毕登图叶尔登、楚胡尔登以及岱达尔汗等人[①]。1621 年(天命六年),内喀尔喀五部送一万牲畜赎回了寨赛诺颜。1626 年(天命十一年)林丹汗攻击弘吉剌等部,引起混乱,各部在相互掠夺人畜时,弘吉剌的主要部分被察哈尔兼并。“寨赛辎重,俱为来附人所掠。惟寨赛夫妇(幸免)”[②],后下落不明。该部余部的一部分先投奔科尔沁,后被爱新国索回部众,编入满洲八旗。1634 年(天聪八年)五月天聪汗出师征明。六月大军至古尔班图尔格地方驻营。扎鲁特、乌喇特、阿鲁翁牛特等诸部落蒙古贝勒各率所部兵来汇。根据《清实录》记载,弘吉剌部鄂木图之子毕登图、拜浑代、喇巴泰、冰图、额腾等人随扎鲁特部来会[③]。可见此时由鄂木图诸子率领的弘吉剌余部与扎鲁特部关系甚密。其驻地应该也在扎鲁特部附近。

清入关后,鄂木图子喇巴泰与其兄莽胡尔台岱青争抢属民发生内讧,于是率部众来投巴林淑慧公主及额驸色布腾。由于史料的稀缺,学界对于弘吉剌部编入巴林右旗的历史没有太多的研究。而《旧氏族谱》中透露了有关这段历史有趣的信息。

拉丁文转写如下:

---

① 《清太祖实录》卷六,天命四年十一月庚辰朔条。另见《清朝太祖太宗师祖朝实录蒙古史史料抄》第 60 页。

② 《清太宗实录》卷二十,天聪八年闰八月庚寅条。另见《清朝太祖太宗师祖朝实录蒙古史史料抄》第 292 页。

③ 《清太宗实录》卷一十九,天聪八年六月辛酉条。另见《清朝太祖太宗师祖朝实录蒙古史史料抄》第 277 页。

γucin quwagerid (qunggirad)-un boyim doγsin noyan-u ači O labtai quwang (qung) baγatur, aq-a mongquldai (mangquldai) dayičing luγ-a öberün törö-yi buliyaldun čerig bolǰuqui, dayičing noyan bičig kiǰü eǰen qaγan-dur ǰaγalduγsan-dur ǰarliγ baγulγaǰu, sayid-i ilegen labtai quwang (qung) tayiǰi-yi buruγusiyan ǰabduγsan-dur labtai quwang (qung) tayiǰi, boγda eǰen-ü altan ür-e baγarin-u sečin (sečen) degedü güngǰü-u (yin) aburil (abural)-i eriǰü ucir siltaγan-iyan medegüljü amin-i abur (abura) kemen ayiladqaγsan-dur, güngjü-yin ǰarliγ amin-dur gem ügei kemen qaγan-ače bi čimayi-yi (cim-a-yi) γuyuǰu abuy-a kemeǰü, sečin (sečen) degedü güngjü qaγan-dur labtai quwang (qung) baγatur nadur xurγuba (sirγuba) kemen ayiladqasan (ayiladqaγsan)-dur eǰen qaγan-u ǰarliγ güngjü-dür šuraγsan (sirγuγsan)-u tula yal-a-yi keltürigüley-e tayiǰi-yi albatu irgen luγ-a qamtu tušiy-a kemen ǰarliγ baγulγaba. labtai quwang (qung) tayiǰi arban sumu ulus töröl-üd luγ-a qamtu eriǰü güngǰü-dür oruqu caγ-dur (tur), sečin (sečen) degedü güngjü yeke kexig qayiralaǰu labtai quwang (qung) tayiǰi-yi tusalaγci bolγay-a kemen qaγan-dur ayiladγad (ayiladqaγad) tusalaγci bolγaba.[①]

汉译如下：

三十弘吉剌的贝穆多克沁那颜之孙喇巴泰洪巴图尔，与其兄莽胡尔台岱青争抢政权兵戎相见。岱青上奏皇帝，将其告发。上命派臣责备喇巴泰洪台吉。喇巴泰求助于圣上金枝玉叶巴林淑慧公主，报告事件缘由求保其命。公主曰，无害于尔命，吾将奏明圣上，求汝一命。公主上奏皇帝，喇巴泰洪台吉已投于本宫处。皇帝曰(喇巴泰)既然投于尔处，应免其罪，今令台吉与属民归附于尔。喇巴泰洪台吉率十苏木属民投附公主，淑慧公主大赏喇巴泰，上奏皇帝封其为协理，遂封其为协理。

如上文所述，喇巴泰洪台吉是统领弘吉剌部的乌班贝穆多克沁(虎喇哈赤第三子)之孙。乌班贝穆多克沁长子鄂木图有七子，分别为莽胡尔台、巴当图伊勒敦、白珲岱楚古尔、喇巴泰洪巴图尔、拉卜斯瑾乌彦、彤苏乌彦和萨奔哈丹巴图尔[②]。弘吉剌的主体部分由喇巴泰的堂兄(弟)寨赛统领，寨赛所率部众早在1626年(天命十二年)已被察哈尔兼并。还有一部分先投奔科尔沁，后被爱新国索回编入满洲八旗。鄂木图之子喇巴泰与其长兄莽胡尔台争抢弘吉剌部剩余属民，发生了内讧。根据上述

---

① 《旧氏族谱》，第25—26页。

② 答里麻著，乔吉校注：《金轮千辐》第200页；《辽夷略》记载莽兔之子七。曰莽古大、曰比领兔、曰伯洪大、曰剌把什、曰喇巴泰、曰所宰、曰色崩。《明代蒙古汉辑史料汇编第二辑》第479页。

史料，莽胡尔台向皇帝告发了其弟喇巴泰的罪行，喇巴泰由于害怕朝廷问罪而向巴林淑慧公主求助。淑慧公主顺势奏明皇上，收编了喇巴泰带领的部众。可以肯定的是，弘吉剌余部依附巴林右旗是淑慧公主在巴林右旗时期的事情，也就是 1648 年（顺治五年）至 1700 年（康熙三十九年）的事情。这段史料中没有提及色布腾郡王，但是根据巴林右旗盛传的有关弘吉剌八苏木的传说，色布腾郡王当时应该在世（色布腾于 1667 年去世）。喇巴泰在依附巴林右旗时求得淑慧公主的帮助，可见淑慧公主当时在巴林右旗掌握着很大的政治权力，而且在蒙古地方具有较大影响力。

根据巴林右旗喇巴泰后裔孟和巴雅尔私藏族谱《孛儿只斤塔本浩特族谱》，淑慧公主为喇巴泰及其部众划定的牧地范围为西拉木伦河与乌力吉木伦河之间，乌布尔汗山迤南至沙漠地带的地域[1]。弘吉剌部众初来巴林时有十苏木属民，全部安置在巴林右旗东南一带。据上述族谱记载，由于其中两个苏木不堪赋税逃至翁牛特左旗，因此弘吉剌成为八个苏木。根据《金轮千福》记载判断，直到乾隆初年弘吉剌部依然有十个苏木，其变成八个苏木应该是其后的事情。《孛儿只斤塔本浩特族谱》还十分详细地描述了弘吉剌八苏木的驻地："八苏木来驻牧的地方范围为，西拉木伦河岸附近，两个鄂博召日图沙漠以西，乌力吉木伦河特尼格尔鄂博以西北，屯都格尔罕山三峰，木苏图哈朗贵，洪

① 孟和巴雅尔：《孛儿只斤塔本浩特族谱》，内蒙古人民出版社，2013 年 6 月，第 39 页。

黑里图坡，伊图忒罕山，查黑勒根坡，梅林罕山，巴日斯图坡，卜钟格渡口至西拉木伦。”①（图 7）

但是弘吉剌十苏木并没有就此甘心于依附巴林右旗的命运。在巴林右旗第五代扎萨克琳布掌权时期，弘吉剌部曾试图脱离巴林右旗自成一旗。《旧氏族谱》中记载：

> güngjü mama-yin üy-e dür oruǰu iregsen quwa-geride （qunggirad）-un ür-e tusalaγči tayiǰi tese terigülen，arban sumun-u kedün tayiǰi buruγu sedkil törüjü qušiγun alba yekedebe kemen olan kereg kiǰü，wang rimbü tusalaγci nar luγ-a ǰaγalduqu bičig ǰurγan-a ergün bariba，man-u qusiγun-u wang sonusču maši yeke aγurlaǰu，güngǰü mama-yin üy-e-dü egün(-ü) ebüge ečige überün(über-ün) terigün-iyen bariǰu oruǰu iregsen ba，güngǰü mama-bar qaγan-dur amin abur （abura） kemeǰü ayiladγad （ayiladqaγad） qusiγun-u tusalaγči bolγaǰu kešig kürtegsen-i cöm martaγad öber qusiγun bolqu anu masi ǰokis ügei terigüten bičig kiǰü tusalaγci banǰuur ǰakiruγci toquči qoyar-i ǰaruǰu ǰurγan-a-dur bičig ergün qaγan-dur siγud ayiladγaǰu，tese-yin tusalaγči （-yi） ebden egüride gerdür qorituγai kemen ǰarliγ baγulγaba. ②

① 同上，第 42 页。

② 《旧氏族谱》，第 38 页。

汉译：

公主妈妈时归附的弘吉剌子孙，忒色台吉等十苏木台吉生逆反之心，以旗里赋税繁多为由，将琳布王、协理等人上告到理藩院，我们旗王听后大怒，曰其竟忘记其祖父时提首投附我旗公主妈妈，求公主妈妈向皇上求情，令其成为旗协理之往事。于是命协理班珠尔及总管托郝齐至书理藩院，以上书皇帝，曰其自主为旗实为不妥，(遂)废忒色协理，圈禁于室。

根据这段记载，在色布腾曾孙琳布任巴林右旗扎萨克时期，喇巴泰曾孙忒色任旗协理台吉[1]。这一史实我们可以从《金轮千辐》得到证实，《金轮千辐》记载：弘吉剌贝穆多克沁子孙，如今有协理忒色等十苏木人口附属大巴林[2]。忒色等弘吉剌台吉在琳布任扎萨克时期，想要脱离巴林右旗独立为旗，以赋税太多等理由上告理藩院。但是他们的这番努力并没有成功。巴林右旗扎萨克上告皇帝，革忒色之旗协理职并圈禁惩戒。弘吉剌十苏木独立建旗事件遂彻底平息。

根据当地民间传说，弘吉剌八苏木的属民因为无法承受巴林右旗名目繁多的赋税而经常试图向翁牛特左旗迁徙。巴林王为防止弘吉剌部人的逃逸，就派旗里的台吉们各领50兵丁人口坐镇弘吉剌十苏木周围要道和渡口。在巴林右旗东南临界阿鲁

① 《水晶念珠》记载：喇巴泰洪巴图尔之子萨本，萨本之子都尔玛，都尔玛之子三等协理台吉忒色。《水晶念珠》第396页。

② 答里麻著、乔吉校注：《金轮千辐》第200页。

科尔沁旗，有一个叫哈日杰的地方（现为哈日杰嘎查）。临界翁牛特旗的地方有一个叫迫毛都的地方（现为迫毛都嘎查）。据说哈日杰（qaraɣu bai），意为“守着”，迫毛都（pai modu），意为“木牌”①。传说巴林右旗王公为了防止弘吉剌人逃到其他旗，就在重要的关口立牌，如若弘吉剌人越过所立之牌，就将其射死。当然这只是民间传说，文献史料中并不见这样的记载。经过300多年的流传，这些传说的内容发生了很大变化，其中不乏误传和夸张的成分。哈日杰有可能源自于“哈日扎”（qaraɣa），意为河流湖泊等的不冻之处，蒙古有很多名叫哈日扎的地方。而“迫毛都”有可能只是一个立过牌子的地方或立靶射箭过的地方。但巴林统治者曾派台吉们镇守并掺入弘吉剌八苏木应该是史实，这些台吉应为淑慧公主第三子纳木扎的子孙②。第三门台吉的牧地划在西拉木伦河沿岸，巴彦罕山以南，与弘吉剌八苏木属民们同一游牧地。他们的后代现在依然生活在奈曼苏木故地——如今的西拉木伦（先前名为益和诺尔）、宝日勿苏等苏木。

关于弘吉剌八苏木反抗巴林右旗统治者压迫的民间故事有不少。最广为流传的一则是关于巴林王抢走弘吉剌印玺的故事。传说巴林王至书喇巴泰，邀请他和他的属民于阴历五月十五共同举行围猎，要求届时观赏弘吉剌部的玉印。围猎结束后，巴林王大摆宴席，在席上观赏弘吉剌部的玉印。可是巴林王观

---

① 斯琴图等编著：《巴林文史丛书》（第六册），内蒙古文化出版社2009年8月，第167页。

② 巴林右旗第三门台吉后裔乌兰提供资料，2014年4月9日于巴林右旗大板镇采访。

赏完玉印后故意将玉印交给下面的诺颜们观赏，这个诺颜看完后又递给另一个诺颜观赏。传来传去，观赏玉印的人越来越多，最后玉印居然不知去向。于是，弘吉剌部失去了自己的部印。在民间传说中，原八苏木属地内的一些地名也往往跟这个传说联系在一起。例如塔马黑昭（印子梁）、塔马黑胡都格（印子井）、塔马黑莽哈（印子沙地），据说梅林哈拉、乌珠尔哈拉、乌兰扎达盖渡口、朝黑拉图呼坡等地名的产生也与弘吉剌八苏木有关。又说一位名叫阿尤尔撒纳的弘吉剌好汉从巴林王府偷出弘吉剌部玉印，被巴林王派出的追兵射死在回家的途中。据称，“八苏木的呼拉盖奇”（“八苏木的偷贼”）的“恶名”流传至今，不过它已变成没有恶意的玩笑话。这些传说似乎反映了巴林右旗统治者与弘吉剌八苏木之间曾经存在过的矛盾。

事实上，弘吉剌部在风俗习惯等方面与巴林原住民有着一定的差别。传统上弘吉剌部共同信奉的保护神为释迦牟尼佛，农历七月十六日是弘吉剌八苏木拜佛诵经举行庙会的日子。作为喇巴泰台吉后裔的塔本浩特家族的族谱记载，弘吉剌上层贵族兄弟分家时，供奉宗喀巴佛的成为宗喀巴家族（čongkγapa ayimaγ），带走 50 名男丁的成为塔宾额勒（意为 50 名男丁）家族。后又分出两个家族，供奉文殊菩萨的成为满珠习礼家族（manǰüsiri ayimah），供奉绿度母佛的成为塔本浩特家族①。弘吉剌确实是个古老的部落。弘吉剌八苏木的民间传说、信仰以

① 孟和巴雅尔：《孛儿只斤塔本浩特族谱》，内蒙古人民出版社，2013 年 6 月，第 40 页。

及生活习俗反映了弘吉剌人强烈的部族意识。据波斯史家拉施特主编的《史集》记载，在古代传说中出自“金瓶子”的三兄弟之子孙弘吉剌人因为率先走出额尔古涅-昆而与其他蒙古部落不同。他们在与原巴林部人共处互融的同时一直牢记着自己的祖源，以传说和习俗时刻提醒自己与巴林部人不同。

第三节　燕支满洲人与珠腊沁人

在巴林右旗，燕支满洲人专指公主陪嫁的人户。淑慧固伦公主时期有 300 户燕支满洲人陪嫁到巴林右旗。而容宪公主时期陪嫁的燕支满洲人有 240 户[①]。燕支满洲人对当时的巴林右旗来说属于人数相当大的一个群体。这个群体成为了巴林右旗人口的一个重要组成部分。珠腊沁人是淑慧公主的守陵人。最初在淑慧公主去世后陪房的燕支满洲人中有 40 户人家被指派为守护公主陵的陵丁，他们被称为珠腊沁（Ɉulačin）人，意为“点灯人”。下文将谈及公主的陪嫁人燕支满洲人和他们的后裔——为公主守陵的珠腊沁人。

一、燕支满洲人

燕支（inɈi），蒙古语，意为陪嫁人。淑慧公主下嫁巴林右旗

① 《巴林右旗志》编纂委员会：《巴林右旗志》，内蒙古人民出版社，1990 年 4 月，第 36 页。

第一代扎萨克郡王色布腾时有300户燕支满洲人陪嫁，荣宪公主下嫁第三代扎萨克郡王乌尔衮时有240户燕支满洲人陪嫁。

长久以来人们对于燕支满洲人的族源问题持有不同的看法。有的人认为燕支满洲人大部分为满人和汉人，他们来到巴林后被当地蒙古人同化。还有人认为燕支满洲人大部分为居住京城的蒙古人（有人说是科尔沁蒙古人），他们跟随公主下嫁到巴林右旗。杜家骥先生认为陪嫁人户有满、蒙、汉三旗人，入关后以汉人为主[①]。有些支持燕支满洲人为满人和汉人同时又怀疑被同化说法的人还认为，当时来到巴林右旗的陪嫁户不可能达到300户之多，认为这么多的满人和汉人不可能被蒙古人同化。此外我们必须指出，现今作为燕支满洲人后裔的珠腊沁人大多倾向于认同自己的祖先为蒙古人。

但是经过查阅史料记载，能够得出与上述几种观点不同的结论。《旧氏族谱》中有两处涉及到燕支满洲人的民族成分。这两处分别提示着锡伯人、达斡尔人和卦尔察人为燕支满洲人的重要组成部分。

该文献第一处叙述淑慧公主下嫁巴林郡王色布腾时的情景。

拉丁文转写：

mön tere qaγan ökin degüü güngǰü-yi Se wangdur sečin （sečen） degedü ulus-un güngǰü kemen

① 杜家骥：《满蒙联姻研究》，第307页。

ergüm ǰileǰü qayiralaqui čaγ-dur (tur), γurban ǰaγun örög (erüke) manǰü ulus, tümen lang-un tariy-a-u (tariyan-u) γaǰar, irgen luγ-a šib (šibege) γoolača (qoolčin) qayiralaba.[①]

汉译：

皇帝以其妹封固伦淑慧公主赏色王。又赏三百户满人万两田地，同时赏汉人、锡伯人和卦尔察人。

可以看出，当时淑慧公主陪嫁团中除了满族人以外无疑有汉人、锡伯人和卦尔察人。

第二处叙述了淑慧公主为使信仰萨满教的达斡尔、锡伯人改信藏传佛教而赐《甘珠尔》经的事情。文中这样写到：

inǰi daγurun (daγur-un) šibege ulus-i čöm qayiralaγad, šitügen ügei kemeǰü qaγučin mongγol-un bičimel γanǰuur-i qayirala kemen ǰarliγ baγulγan šangnaba.[②]

汉译如下：

(公主)怜悯燕支达斡尔锡伯人没有信仰，下令赐与以前的蒙文手抄《甘珠尔》经。

很明显地，此处达斡尔人和锡伯人属于燕支满洲人。

巴林右旗的燕支满洲人的组成中包含着六个民族成分，他们分别为满族人、蒙古人、汉人、锡伯人、卦尔察人和达斡尔人。

---

① 《旧氏族谱》，第24—25页。

② 《旧氏族谱》，第26页。

但在以往的研究中人们忽略了锡伯、卦尔察和达斡尔人。这三个民族的祖先都是生活在东北地区的通古斯语族和蒙古语族的人。其实这三个民族出现在燕支满洲人的成分里，并不是一件无法理解的事情。16 世纪三十年代，科尔沁的一部分部众迁徙到嫩江流域。奎蒙克·塔斯哈喇为首的科尔沁贵族开始统治居住在这里的札赉特、杜尔伯特、郭尔罗斯等蒙古部落。与此同时，他们也统治着这里的锡伯、卦尔察、达斡尔、索伦等部落，迫使他们称臣纳贡。锡伯、卦尔察和达斡尔人曾是科尔沁的属民和奴隶[①]。康熙皇帝于 1692 年(康熙三十一年)利用第二世内齐托音在科尔沁地区的影响力以银钱赎出了隶属于哲里木盟科尔沁诸旗下的锡伯、卦尔察全部人口，将其迁至盛京和京城，拆散编入满洲八旗、蒙古八旗之中。此时的锡伯、卦尔察等族人精通满、蒙两种语言。有资料显示，锡伯族被编入满洲八旗之后，黑龙江将军衙门在咨文蒙古驿站等部门时，曾从齐齐哈尔锡伯披甲内选用精通满文和蒙文者充当翻译。清廷派人前往尼布楚与俄国商议边境事宜，需要精通蒙语者充当翻译时，也从齐齐哈尔锡伯人中选用[②]。极有可能部分锡伯人、卦尔察人和达斡尔人作为科尔沁贵族的家奴或陪嫁来到京城。这些精通满语和蒙古语的家奴，又在清皇家公主下嫁时随公主陪嫁到蒙古地方，成为燕支满洲人。除了淑慧公主的案例，还发现天聪年间下嫁嫩科尔

① 胡日查、长命:《科尔沁蒙古史略》，民族出版社，2001 年 4 月，第 261—265 页。

② 吴元丰、赵志强:《锡伯族由科尔沁蒙古旗编入满洲八旗始末》，载《民族研究》1984 年第 5 期，第 60 页。

沁左翼弼尔塔噶尔的雅图公主(为清太宗第四女,淑慧公主胞姐)的祭祀群体衙木沁人中也有锡伯人的后裔[①]。因此,可以断定锡伯等民族的人曾是清前期公主下嫁蒙古地方时的主要随嫁成员。

此外,当时的燕支满洲人中满人占据了一大部分,这一点是毋庸置疑的。因为《旧氏族谱》中写得很清楚,“赏三百户满人万两田地”。至于跟随荣宪公主来到巴林右旗的燕支满洲人,文献上没有任何记录。其随嫁成员想必与第一批淑慧公主的燕支满洲人有相同的成分。燕支满洲人的成分中应该还包括一定数量的汉人和蒙古人。关于这一点,纳钦的博士论文《蒙古村落多层次信仰》有较深入的研究[②]。根据他的研究,作为燕支满洲人后裔的珠腊沁七个姓氏的社团中,郭姓人认为自己的祖先是汉人,汪姓氏族认为自己的祖先是察哈尔蒙古人。其他五个姓氏的人没有一个人认为自己的祖先是满族人或其他民族而只认为是蒙古人[③]。

二、珠腊沁人

1652年(顺治九年)题准,固伦公主同郡王贝勒贝子等均可指派守墓人六户[④]。但淑慧公主去世后守陵的陵丁远远不止六

---

① 布和:《衙木公主及衙木沁人》,内蒙古大学2009年硕士论文,第9页。

② 纳钦:《蒙古村落多层次信仰——珠腊沁村传说与祭祀民俗个案研究》,中央民族大学2003年博士论文,第34页。

③ 纳钦:《口头叙事与村落传统》,民族出版社,2004年,第67—73页。

④ (康熙)《大清会典》卷一百四十二,《理藩院·丁册·顺治九年》。

户，燕支满洲人中有 40 户人家被指派为守护公主陵的陵丁。他们被称为珠腊沁人，有七个姓氏，分别为：郭、佟、赵、马、汪、田、武。珠腊(ǰula)，蒙古语，意为佛灯，珠腊沁就是点佛灯的人。据珠腊沁人后裔孟和吉日嘎拉先生介绍，为公主点的佛灯不可以熄灭，要珠腊沁人一直守着。1989 年新建的固伦淑慧公主陵位于查干沐沦苏木东南小丘上，陵园坐南朝北，一门面对着山丘下的珠腊沁村，据说公主陵园坐南朝北的设计是为了让公主之灵看到珠腊沁人的灯火[1]。今天的珠腊沁村村民并不全是当初 40 户守陵人的后裔。除了上述七姓珠腊沁人，还有一部分巴林台吉和一部分为数不多的巴林部蒙古原住民，他们在公主陵迁至此地之前就已经在这里居住了。

公主陵园遥对着公牛山(也称巴彦和硕山)，这是公主骨灰最后的安葬之地(图 8)。淑慧公主的陵寝曾被搬迁过两次(前后共葬三次)。1700 年(康熙三十九年)淑慧公主在京城去世，其灵柩被带回巴林，安葬在了巴尔登哈拉山(今巴彦罕山)塞音宝力格地方。后迁其陵与额驸色布腾合葬在凤凰山(也称葛根绍荣山)。后于 1703 年(康熙四十二年)再次迁至旗北部查干木伦河西岸公牛山北坡。

那么是谁搬迁了公主陵，为什么要搬迁公主陵？巴林右旗盛传着一个传说，这个传说也被写进了《旧氏族谱》之中。说在塞音宝力格山埋葬公主之后，公主的陵寝内开始生长各种各样

---

① 珠腊沁人后裔孟和吉日嘎拉先生提供资料，2014 年 4 月 7 日笔者于巴林右旗查干木伦苏木淑慧公主陵采访。

的果树，随后旗内的贵族和属民的牲畜、农田也变得极好。这个消息传到了皇帝的耳朵里：巴林淑慧公主的陵寝（风水）非常好，九代之内（巴林蒙古）有可能取代大清朝皇位。皇帝听闻后大惊，立即传旨“淑慧公主陵地（风水）很差，速迁”。于是将淑慧公主陵迁出并与额驸色布腾合葬在凤凰山。此时，从京城派来的大臣和风水师对原先的塞音宝力格地方进行了挖渠断石等破坏风水的行为。与色布腾王和葬的同时，风水师又奉命寻找其他地点，最后于1703年（康熙四十二年）将公主葬在了公牛山的北坡①。

公主陵确实在短短三年内迁过两次，三座山上陵寝遗址至今清晰可见（最后的陵寝在“文革”中被破坏）。但究竟是不是康熙皇帝下令迁陵的呢？从淑慧公主墓出土的康熙御制圹志文中写着：“薨于康熙三十九年正月初十巳时，春秋六十有九，卜于本年八月二十四日辰时，窆于查干摩伦之河西巴彦昆都伦之名山”②，按圹志文记载，淑慧公主去世后，就安葬在查干木伦河西的巴彦昆都伦山。康熙御制圹志文反映的时间和地理位置与实际情况相吻合，所以公牛山（巴彦和硕山）当时应该名为巴彦昆都伦山，是第三次下葬的地点。显然圹志文掩盖了公主陵两次被迁移的史实。康熙皇帝曾为淑慧公主下三道祭文，在本文第一章中已提到。从三道祭文的内容来看，均不能看出他曾下令迁移公主陵的事情。有学者认为，其中第三道祭文中出现的“旧

① 《旧氏族谱》，第31—32页。
② 淑慧公主圹志文，赤峰市博物馆藏。

邸以返新阡，礼必期于敬谨”暗示了康熙皇帝下令迁淑慧公主陵的史实。但笔者认为，此处康熙的意思仅为从生前的旧府邸来到死后的新府邸——即陵地的意思。究竟康熙皇帝是否曾下令搬迁公主陵，已无从考证。但是如果没有清廷的许可，谁人还胆敢迁移淑慧固伦公主的陵寝？无论如何有一点是肯定的，即康熙皇帝知道公主陵搬迁的事情，还在圹志文中有意掩盖了这件事情。

在巴林流传的关于迁陵的传说同《旧氏族谱》的记载基本吻合。整篇《旧氏族谱》是个严肃而可靠的历史文献。因而我们认为，关于康熙皇帝下令迁移公主陵的传说还是有一定的事实基础。然而我们发现，实际上蒙古地方有很多相似的传说。许多山川都被蒙古人赋予了这样或那样的传说，它们表达了蒙古人自主当权的愿望。例如，安葬淑慧公主的公牛山东面有一座山，名叫母牛山。公牛山遥对着母牛山，传说当公牛山和母牛山相连接的时候蒙古就会出皇帝。我们认为，当时由于某种原因迁移淑慧公主墓的事情在巴林人当中引起了强烈反响，因为淑慧公主在他们的心目中已经成为部族的代言人，甚或是部族兴旺的象征。巴林人对频繁迁移公主陵这件怪异的事情猜疑和思考着，也许还听到过一些内情消息，于是乎深埋在心底里的民族自主意识被激发了出来，形成了具有“淑慧公主之神灵助巴林人取得皇位”或“康熙帝怀疑巴林人谋夺政权”主题的传说。

珠腊沁人世代跟随公主陵寝迁徙到了如今的查干木伦。位于公牛山的公主陵寝在“文革”中遭到了破坏，墓穴中的两样出土文物保存在今赤峰市博物馆[①]。“文革”期间,珠腊沁人的公主祭祀遭到了中断。1986 年,珠腊沁人要求恢复公主祭祀,并在全国人民代表大会常务委员会民族事务委员会副主任爱新觉罗·溥杰的帮助和支持下,于 1989 年在公牛山南面的山丘上重建了公主陵园(图 9)[②]。2002 年查干木沦苏木修缮淑慧公主陵、装修了三间主殿。主殿中建一尊两米多高的淑慧公主塑像。淑慧公主两旁各立一名燕支婢女塑像。公主塑像前摆放着贡品和功德箱,与佛教寺庙的供奉方式无异(图 10)。主殿东西两旁各建三间配殿。东配殿为佛殿,殿内立有淑慧公主画像(画像根据淑慧公主之母孝庄文皇后画像绘制),画像前摆放着贡品,画像两旁书架上放满了经文。西配殿设成名为“固伦淑慧公主文化中心”的博物馆,尚未开放。陵园西南侧的院子中有清初巴林王公的七座坟茔,七座坟茔原先均在查查尔图山脚[③]。每一座都有各自的属民献祭(图 11)。此外,陵园南院中立有一尊淑慧公主的灵塔(图 12)。

每年公主陵要举行六次祭祀仪式。他们分别为正月祭、清明祭、奶食品祭、整羊祭、新粮祭、腊月祭。珠腊沁人的祭祀组织有明确的分工。这个祭祀组织主要由兀赫尔达、珲督、厨子和博什格等人员和珠腊沁庙指派的祭祀喇嘛组成。兀赫尔达是祭祀主司。珲督是兀赫尔达的助手,博什格又是他们两位的助手,厨

① 包括康熙皇帝御制淑慧公主墓圹志文、淑慧公主金字楠木骨灰坛等物件。

② 纳沁:《口头叙事与村落传统》,民族出版社,2004 年 10 月第一版,第 83 页。

③ 查查尔图的第一座坟茔为扎萨克郡王桑哩达的坟茔。桑哩达于 1748 年去世。此前公主子孙均葬于塞音宝力格山。

子制作祭祀用的菓子。祭祀喇嘛则主要负责为长明灯续油和点香、诵经[①]。传说公主妈妈是十分严厉的神,如果祭祀组织管理不善将受到神灵的惩罚。对公主陵不敬、亵渎公主陵的一些行为也将遭到报应,一些恐怖的故事也在巴林流传着。公主陵以东,查干木伦河东岸有一片自然生长的榆树林。这一片榆树林被珠腊沁人世代供奉,称为珠腊沁黑树林(Ɉulačin qara modu)(图 13)。珠腊沁人传说这是公主创造的神树林,谁人如果亵渎了神树,就要遭到报应。平日里也可以来公主陵祈愿。当来者祈愿并献上贡品后,陵园的主管还会给祈愿者分量相同的物品,称为公主妈妈的恩赏。祈愿者要带回公主妈妈的恩赏与亲友分享。据巴林右旗本地人讲,位于公牛山上的淑慧公主墓穴残留的瓦片可以治病,用凉水洗后,放入水中煮开喝可以治哮喘和耳疾。

珠腊沁人的生活习俗有异于巴林蒙古原住民的地方。这可能一方面与他们的祖先燕支满洲人有关,另一方面与他们的驻地查干沐沦苏木的地理位置有关。清末,清廷对蒙古实行"放垦蒙地",为便于管理垦地和垦民,于 1907 年(光绪三十三年)在巴林部西新建林西县(初定为巴西,后于 1908 年改名为林西)[②]。遂查干沐沦苏木与林西县相邻,从此珠腊沁人与邻近的汉族产生交流,这对珠腊沁人的生活习俗产生了一定程度的影响。通过与多种文化的交流与容纳,珠腊沁人的总体文化水平比较高,他们当中出了很多有识之士。

① 纳沁:《口头叙事与村落传统》,第 151 页。

② 《清德宗实录》卷五百八十五,光绪三十三年十二月戊寅条。

第四章　佛教的兴盛

16 世纪末由于俺达汗等蒙古封建主的崇信与提倡，藏传佛教格鲁派逐渐在蒙古地区得到推广。图们汗时期，由于大汗的扶植，噶玛派也曾在蒙古地区得到传播。林丹汗时期，格鲁派与萨迦派均得到过林丹汗的尊崇与扶植。巴林右旗境内藏传佛教传入的最早记录就是林丹汗时期的蒙藏文石碑。根据 1893 年 6 月初波兹德涅夫考察，旗内察罕索博日嘎古城遗址中的蒙藏文石碑上记载了佛祖圆寂后三千七百五十九年（丙寅年）建造的“大神变塔”和“天降”塔，以及 1617 年从西藏来到林丹汗身边弘扬佛法的萨迦派高僧夏尔巴呼图克图的业绩[1]。

皇太极在征服察哈尔后，得到了林丹汗的夫人及其子额哲等人所献的蒙古护法神“玛哈噶拉”金像，不久清朝就成为漠南蒙古地区藏传佛教的最高保护者。自从俺答汗请三世达赖喇嘛

① 阿·马·波兹德涅夫著 刘汉明等译《蒙古及蒙古人》（第二卷），内蒙古人民出版社，1983 年，第 435—470 页。

来蒙古地区传法以来，西藏的佛教领袖在蒙古地区具有佛教领袖地位，并且在一定程度上能够左右蒙古地区的政治形势。因此利用将尊崇佛教作为“驭藩之具”，就成了清朝统治蒙古与西藏地区的重要策略。但是不可否认，努尔哈赤起，皇太极、顺治、康熙、雍正帝等爱新国和清朝的诸位统治者自己也都是虔诚的佛教徒。受孝庄皇后的影响，顺治帝酷好佛教，以佛门弟子自居，自称僧人转世。毫无疑问，身为顺治帝胞姐的淑慧公主，也必定深受其母孝庄皇后的影响而笃信佛教。

第一世内齐托音晚年来到东蒙古传教之后，敲开了巴林部通往藏传佛教世界的一门。此后淑慧公主开始在巴林右旗宣扬格鲁派藏传佛教并大获成功。最终，在巴林民众的心中淑慧公主自己也成为了佛教神灵，被尊为“绿度母的化身”[1]。在淑慧公主之后，嫁给巴林右旗第三代扎萨克乌尔衮的容宪公主继承了她的事业，在巴林右旗广建寺庙。同时，藏传佛教在巴林右旗的广泛传播与旗内的一些有学识、有宗教理想的喇嘛不无关系。

第一节　藏传佛教的传入与兴盛

一、藏传佛教传入巴林右旗

藏传佛教格鲁派传入巴林地区与第一世内齐托音晚年在东

① 度母（梵语 Tara）是蒙古地区普遍供养的藏传佛教密宗佛，传说是观世音菩萨的化身。度母有二十一种不同的相。绿度母为所有度母之主尊，总摄其余二十尊化身之所有功德，因能救八种苦难，如狮难、象难、蛇难、水难、牢狱难、贼难、非人难，又称为“救八难度母”。

蒙古地区的传教活动有直接的关系。在此之前，巴林的上层贵族可能也信仰藏传佛教的某一支派，但佛教并没有大范围的传播开来。据《旧氏族谱》“自达延汗以来，诺颜汗们去世时，按照惯例要建造金塔银塔，旧的信仰是供奉九座塔(yisün soburγa)、礼玛哈佛(limaq-a burqan)七尊等”。可见当时巴林蒙古上层贵族确实有一套信仰，并且这种信仰极有可能是将佛教与传统的萨满教相结合的信仰。

1632年(天聪六年)，第一世内齐托音带领他的门徒们赴盛京拜见了皇太极，皇太极将科尔沁作为内齐托音的供养之地。内齐托音在其晚年时期一直在东蒙古地区进行传教活动，其影响甚大。巴林、敖汉、奈曼、扎鲁特、克什克腾、土默特、科尔沁、扎赉特、杜尔伯特、郭尔罗斯、阿鲁科尔沁、乌喇特、翁牛特、喀喇沁等旗许多蒙古王公成为了他的忠实檀越。清代的巴林右旗真正开始普及藏传佛教正是从这时候开始的。

《旧氏族谱》在记载内齐托音传教的功绩时写道：

torγud qaγan-u iǰaγur-dur törögsen neyiči toyin-i raši lγun bŏ-yin keyid-dür erdem suraγsan (suruγsan)-dur boγda bančin čoyiǰi ǰalzan-u ǰarliγ, neyiči toyin či ǰegün yeke ulus-dur (tur) γarucu (γarču) šašin (šasin)-u üiles-i kitügei, bošuγ soyuγaγsan-iyar egünče ekilebe. küke qota-yin cüggür noyan ba, caqar, baγarin, ǰaruud, auqan, naiman, qaračin, tümed, ongniγud, qorčin, arban qusiγun, neyite-dür blam-a bolɈu，šašin amitan-u tusa üiledküi-dür sečin（sečen）degedu güngjü sebten wang tan neyiči toyin-i ɈalaɈu，boγda blam-a kemen ergümɈileged，raši lγun bŏ-yin keyid-dür neyici toyin-i suraγuln-a yabuγsan-u tula，man-u mongγol orun-dur xaxin kiküi-dür boγda bančin keyid-ün yosuγar kigsen bülüge，xaxin-u üiles-i Ɉokiyan mongγol ungsiluγ-a（ungsilγ-a）toγtaγaba.

汉译：

土尔扈特汗之子孙内齐托音学佛于札什伦布寺，班禅活佛令内齐托音至广袤的东部人民之中广传宗教事业，于是(内齐托音)奉命传教。呼和浩特的楚琥尔诺颜以及察哈尔、巴林、扎鲁特、敖汉、奈曼、喀喇沁、土默特、翁牛特、科尔沁十旗(众人)皆出家为僧，为教法与众生行善事，彼时淑慧公主与色布腾王等邀内齐托音至，尊其为博格达喇嘛。(内齐托音)自扎什伦布寺学佛归来，于我蒙地兴佛，以班禅寺之规成就，(内齐托音)创佛事，奠基蒙古语诵经传统。

内齐托音在东蒙古地区按照西藏的模式首开佛教事业，还奠定了蒙古人自己的诵经传统。而巴林右旗的王公以及淑慧公主趁内齐托音在东蒙古传教之际，邀他前来巴林右旗弘法传教。这时巴林左旗的贝子满珠习礼以及其他大小王公也一同出迎。两旗王公携各种佛教乐器，胜幡以及上等旃檀香迎接内齐托音的到来。众人献上了礼物，举行盛会，并求经求法。于是内齐托音"授十三佛金刚怖畏，秘密集要等灌顶；背诵《成就法》、《密集本续》，广施归依、金刚萨陲之修习、无缘大悲，上师瑜伽及更多的经教指要"。内齐托音对要求受戒者，分别授予了格隆、格楚尔、班弟、乌巴什等戒律[①]。

第一世内齐托音来到东蒙古弘法，打开了巴林右旗通往佛教世界的一门。此后，淑慧公主至书西藏达赖喇嘛请来了巴林右旗第一位喇嘛——额尔德尼嘎久喇嘛，他成为巴林右旗的首任扎萨克大喇嘛。不久淑慧公主建立了第一座佛教寺庙—圆会寺。藏传佛教在巴林右旗迅速传播开来。

继第一世内齐托音之后，巴林右旗的王公与第二世内齐托音也建立了非常密切的关系。第二世内齐托音在清朝的宗教地位极高，在1691年(康熙三十年)的多伦诺尔会盟上曾得到了与喀尔喀哲布尊丹巴一样的礼遇。他曾奉康熙皇帝之命协助他赎出隶属于科尔沁的锡伯人和卦尔察人[②]。内齐托音二世传记载："康熙皇帝谕旨：科尔沁十旗乃是你的檀越，也是朕的舅家，那里有我们满洲人的锡伯、卦尔察部落，你去把锡伯、卦尔察人请来，朕欲赐赉其诺颜，把他们招收过来。"[③]内齐托音向科尔沁王公传达了康熙皇帝旨意，科尔沁诸王公表示愿意服从，将近百个苏木

① 中国社会科学院中国边疆史地研究中心编：《清代蒙古高僧传译辑·内齐托因一世传》，全国图书馆文献微缩复制中心出版，第139页。

② 康熙皇帝利用内齐托音二世的影响力赎出了隶属于科尔沁的锡伯人和卦尔察人后，给他们重新编制了苏木，并归入满洲八旗，将他们的男丁派遣到边疆，以补军需。

③ 《清代蒙古高僧传译辑·内齐托因一世传》，第180页。

的锡伯、卦尔察人献于清廷。第二世内齐托音于1694年(康熙三十三年)受科尔沁诸王公贵族的邀请前往科尔沁之地，途径巴林、扎鲁特等地。巴林右旗大小王公台吉又一次把握此次机会，在巴林右旗辽代庆州白塔前的苏布日嘎庙摆桌迎接内齐托音的到来，纷纷叩拜，并献上贡物[1]。

1696年(康熙三十五年)夏，康熙皇帝分三路亲征噶尔丹，内齐托音二世随康熙皇帝中路军担任宗教顾问，与康熙皇帝商谈政务，受到康熙皇帝极大的恩宠。为此，康熙皇帝在战胜噶尔丹凯旋而归时途径呼和浩特崇福寺(小召寺)，停留三日，举行了盛大的法会。这时，巴林右旗扎萨克郡王纳木达，其弟乌尔衮以及额驸阿拉布坦等人也随同皇帝和内齐托音一同来到呼和浩特崇福寺参加庆功会。这一次他们与内齐托音以及当时的扎萨克喇嘛车臣额木布及其弟子建立了非常友好的关系，《内齐托音二世传》记载："他们就像一家人一样，无论做什么事情都齐心协力"，皇帝也对此感到很欣慰，说道："喇嘛与檀越们情同手足，甚善"[2]。

到内齐托音第四世时，巴林右旗的王公已经与内齐托音活佛系统建立了长时期的友好关系。第四世内齐托音出自科尔沁右翼前旗扎萨克图郡王旗，于1773年(乾隆三十八年)坐床时应

---

① 《旧氏族谱》，第33页。原文拉丁文转写：……toyin qutuγtu qorčin-dur ǰalaraǰu sibege qoolčin-i quriyaǰu abuγad, man-u baγarin-i daγariqui caγ-tur soburγan-u süm-e-dür sirege beledgeǰu ǰalaγad, wang noyad yeke baγ-a cöm mörgün beleg barača(bariča) ergübe.

② 《清代蒙古高僧传译辑·内齐托因一世传》，第191页。

巴林右旗王公的邀请来到巴林右旗，王公扎萨克、锡呼图固什喇嘛以及大小檀越们纷纷来拜内齐托音活佛[①]。

巴林右旗的王公还趁征讨卫拉特达瓦齐之便朝拜过喀尔喀的哲布尊丹巴呼图克图。1754年（乾隆十九年），巴林右旗扎萨克亲王琳沁率昭乌达盟两千骑兵随定北将军班弟征讨达瓦齐[②]。大军行至敖鲁乃地方，大将军告知琳沁先在原地过冬，春天再征达瓦齐。琳沁认为这是朝拜哲布尊丹巴呼图克图的好机会，于是趁过冬的时机率昭乌达盟大军全体动身前往哲布尊丹巴呼图克图处朝拜，献上哈达等贡物，接受了呼图克图的灌顶。朝拜结束，次年春天大军继续赶往准噶尔，这时达瓦齐已被清军抓获，遂昭乌达盟军班师回府[③]。

清代来到巴林右旗弘法的较有影响力的人物还有拉卜楞寺活佛嘉木样协巴二世。拉卜楞寺活佛嘉木样协巴二世于1770年（乾隆三十五年）应巴林扎萨克郡王巴图的邀请来到巴林右旗

---

① 《旧氏族谱》，第57页。原文拉丁文转写：tngri tedgügsen-ü γučin naimaduγar on boγda blam-a-yin gegen-i küke qota-dur jalaqu čaγ-dur man-u qusiγun-u wang-un ordun-dur ǰalaǰu, yeke ergülig(ergülge) qurim bariǰu, wang ekilen noyad ba, čorǰi širge (sirege) blam-a ba, yeke baγ-a öglig(öglige)-yin eǰed mörgübei.

② 《水晶念珠》第883页。《钦定外藩蒙古回部王公表传》卷二十八《巴林部总传》。

③ 《旧氏族谱》，第51页。原文拉丁文转写：……yisün sardur yeke čerig bürin-e ber mordaǰu, orunai kemekü γaǰar ebülǰiǰü saγun atala, čerig-ün yeke ǰanggiǰün(ǰangǰun)-ača bičig iregsen inu qoyitu ǰilün qabur öled(ögeled)-ün γaǰar čerig orumu kemen ǰakiy-a iregsen darui yeke čerig küdelǰü yabun, aru ǰibzundamba gegen kürcü qusiγuči ǰanggiǰün(ǰangǰun) wang ǰasaγ noyad ba, čiγulγan-u čerig neyite ber ǰibzundamba-yin gegen-e mörgüged abušig(abišig) nom abuγad, qadaγ mandal ergüged, öledd(ögeled)-ün γaǰar yabun atala, yeke ǰanggiyün(ǰangǰun)-ača bičig iregsen anu öledd(ögeled)-ün dawaci-yi köbegün tai qamtu bariba, ǰam ǰam-un čerig čöm bocatuγai kemegsen ǰakiy-a-yi daγan bočaǰu yabutal-a……

的阐化寺，在这里举行了盛大的法会。阐化寺为活佛供上的物品数量庞大且奢华。《锡呼图·固什·却尔吉喇嘛格哷格坚赞传》记载，阐化寺为活佛献上“三宝坐垫靠背、三十两的坛城、三百两白银、一百二十条白松鼠皮、一条袈裟、一张貂皮、三头骆驼、一匹公马、九匹母马、二十匹骟马”，为活佛的弟子“共献十两银子、三张貂皮、十匹马、二十头牛”[①]。

巴林右旗王公贵族对于弘扬藏传佛教的积极性和主动性使得藏传佛教顺利地传入该旗并迅速地占取宗教地位上的绝对优势。到清中期时，巴林右旗已是寺庙林立，寺庙多达14座[②]。喇嘛的数量也逐年增长，1737年(乾隆二年)全旗喇嘛有500人，至1904年(光绪三十年)时，全旗喇嘛已增加到了4053人[③]。

二、巴林右旗四大佛教寺庙

清代巴林右旗境内有多座寺庙，圆会寺、荟福寺、嘉佑寺、阐化寺、重庆寺、西拉新希勒庙、东拉新希勒庙、乌牛台庙、隆福寺、新庙、嘎拉达苏台庙、珠腊沁庙、苏布德庙、岗根庙、平顶庙、要日吐庙、床金庙、贝子庙等寺庙均为清朝所建。而清代巴林右旗主要的寺庙有四座，蒙文文献中称它们为四大庙。它们分别为圆会寺、荟福寺、阐化寺(阿贵庙)和嘉佑寺。

圆会寺是淑慧公主所建的巴林右旗第一座藏传佛教寺庙

---

① 乔吉：Ein neugefundenes Werk des Rasipungsuh，Asiatische Forschungen，Otto Harrassowiz • Wiesbaden 1989 P94.

② 《巴林右旗志》第637页。

③ 同上。

(图 14)。1667 年(康熙六年)额驸色布腾去世,当时巴林右旗扎萨克大喇嘛额尔德尼提议:“具供三尊为佳”,公主赞许,又派额尔德尼喇嘛到京城订制一尺高释迦牟尼像、三尺五寸金塔以及宗喀巴像、镀金佛塔、十八罗汉、四大金刚等神像。额尔德尼喇嘛在释迦牟尼佛坛的左右两侧画上了色布腾与淑慧公主像,禀报公主:“为了令后世瞻仰怀念公主和额驸,于是将公主额驸二人画在佛像旁。”公主闻后甚欣喜[1]。

同年,淑慧公主在查干木伦河北面的朝格图敖日格乐山南的小丘上建立了一座寺庙。这就是圆会寺的前身,但起初并不叫圆会寺。这是一座汉式建筑,因此蒙古人称它为青房子庙(köke ger süm-e)。建立寺庙时讲究风水,这座寺庙南面是罕山,背靠朝格图敖日格乐山,寺前流过查干木伦河,是一处风水极好的地方。在始建该寺时有一座山门和三间殿宇。大殿中供奉着淑慧公主先前为色布腾郡王所铸造的三尊佛像,除此之外还有几百幅宗喀巴像、度母像和达赖喇嘛用鼻血绘制的吉祥天母像等诸多佛像和金银法器。寺庙建成后,昭乌达盟举行了盛大的落成仪式[2]。1720 年(康熙五十九年)增建 35 间,后又建厢房 12 间[3]。1763 年(乾隆二十八年),御赐该寺“圆会寺”匾。蒙古名为“ tegüs büridgeltü süm-e”。1910 年(宣统二年),巴林右旗再一次扩建圆会寺,增建一间大讲经殿,共为 81 间。1922 年

① 《旧氏族谱》,第 27—28 页。
② 同上,第 28—29 页。
③ 《巴林右旗志》第 642 页。

（民国十一年）又增建25间，殿宇增至128间。圆会寺没有活佛转世，只有扎萨克喇嘛。第一任住持喇嘛为淑慧公主从西藏达赖喇嘛处请来的额尔德尼嘎久喇嘛。康熙三十年（1691年）额尔德尼嘎久喇嘛圆寂后他的一名弟子接任其职位，也被尊为“额尔德尼喇嘛”。1704年（康熙四十三年）第二位额尔德尼喇嘛圆寂后其弟子呼呼臣贵接任其扎萨克喇嘛职位。呼乐臣贵圆寂后（年份不详）其弟子毕力衮达赖接任扎萨克喇嘛职位。1721年（康熙六十年）毕力衮达赖圆寂后荣宪公主命诺门达赖喇嘛接任扎萨克喇嘛职位。这位诺门达赖喇嘛就是后来建立阐化寺的著名僧人格呼格坚赞。诺门达赖喇嘛成为该寺最后一个扎萨克喇嘛。圆会寺在香火最旺之时拥有的喇嘛多达750名[①]。据说该寺当时都用蒙古文诵经[②]。圆会寺在”“文化大革命””中遭到彻底的破坏，今已不复存在。后人在该寺遗址上建了一座凉亭，残存的青色瓦砾今日依然散布在这座小丘上（图15）。

巴林右旗的第二座佛教寺庙荟福寺始建于1706年（康熙四十五年），由巴林右旗第四代扎萨克乌尔衮及其夫人容宪公主主持建成（图16）。荣宪公主与额驸郡王乌尔衮所住的府邸位于今日大板镇中心（图17）。文献记载，荣宪公主初始为了镇住所住府邸南面的风水，就在府邸的东南建了一座三间殿宇的寺庙，由于寺内立着一尊老虎标本（一说乌尔衮郡王所猎），所以俗称

① 道尔吉桑布编著：《巴林文史丛书·巴林右旗寺庙专辑》，内蒙古文化出版社，2009年8月，第3页。

② 嘎拉增、呼格吉勒图、巴图巴雅尔：《昭乌达盟寺院》，内蒙古文化出版社，1994年10月，第183页。

虎庙(bars süm-e)[1]。1715年(康熙五十四年),在虎庙北面增建25间殿宇。同年清廷赐八十名度牒名额,分别在圆会寺和荟福寺安排了四十名度牒名额[2]。1720年(康熙五十九年),又在原先的殿宇周围增建12间小殿宇[3]。巴林民众开始称其为东庙(jegün süm-e),称淑慧公主所建寺庙为西庙(baraγun süm-e)。1763年(乾隆二十八年)御赐该寺"荟福寺"匾。蒙古名为"buyan cuγlaγuluγci süm-e"。

荟福寺在蒙藏地区享有较高的声誉。1730年(雍正八年)起,规定荟福寺每年六月十五举行盛大的庙会,庙会上集中全旗喇嘛举行法日活动,并在庙会上进行射箭、摔跤等竞技项目,最后一日举行查玛表演。后昭乌达盟规定,全盟各庙每年要轮流派五十名喇嘛来荟福寺为皇帝祈福,念长寿经[4]。到清末民初时,来自京、津、奉天、张家口、锡林郭勒、多伦诺尔等地多达万人的商贾游人聚集于大板,使其成为了20世纪初佛教、商贸、文化活动的一个中心地和集散地。如今荟福寺每年的大型法会有以下几种:正月初一的吉祥鸣钟法会;正月十五的祈愿燃灯法会;农历四月十五的缘起法会;农历六月十五的吉祥超度大法会;农历十月二十五的燃灯节大法会等[5]。

荟福寺共有两位活佛转世相传。香火最旺之时喇嘛数量多

---

① 嘎拉增、呼格吉勒图、巴图巴雅尔:《昭乌达盟寺院》第183页。

② 《旧氏族谱》,第35页。

③ 嘎拉增、呼格吉勒图、巴图巴雅尔:《昭乌达盟寺院》第183页。

④ 乔吉:《内蒙古藏传佛教寺院》,甘肃民族出版社,2013年10月,第165页。

⑤ 荟福寺喇嘛布赫提供资料,2014年4月9日于巴林右旗大板镇荟福寺采访。

达700人[1]。"文革"时因有军队驻扎，寺庙幸免于毁坏。今天的荟福寺仅有喇嘛13人，除了住持喇嘛嘎尔查扎来自青海，其他人均为本旗人[2]。

阐化寺又叫阿贵庙。位于察干诺尔乌兰哈达南山坡上。始建者为清代巴林右旗著名僧人锡呼图·固什·却尔吉喇嘛格呼格坚赞。格呼格坚赞因坐床阐化寺而得名锡呼图·固什·却尔吉喇嘛。拉西朋楚克的《锡呼图·固什·却尔吉喇嘛格呼格坚赞传》记述了这位喇嘛一生的事业。1736年(乾隆元年)，格呼格坚赞在右旗扎萨克桑里达的资助下花费30两白银雇佣两个汉人凿出一个山洞，随后在山洞内入定。1758年(乾隆二十三年)格呼格坚赞又在山洞前增建三间殿宇的寺庙，1762年(乾隆二十七年)御赐该寺"阐化寺"匾，蒙古名"soyol-i delgeregülügci süm-e"，赐二十名度牒名额[3]。该寺有活佛三名，分别为西活佛(baraγun gegen)、中活佛(dumda gegen)和东活佛(jegün gegen)。寺庙创建人格呼格坚赞为第一世中活佛，中活佛共转世12次。最后一世活佛生于1913年(民国二年)，名为嘎拉僧普尔赉嘉措，俗称胖活佛(tarγun gegen)。东活佛转世次数不明，最后一世生于1911年(宣统三年)，名为阿旺东罗

① 乔吉：《内蒙古藏传佛教寺院》，第164页。

② 荟福寺喇嘛布赫提供资料，2014年4月9日笔者于巴林右旗大板镇荟福寺采访。

③ 拉西彭楚克：《锡呼图·固什·却尔吉喇嘛格呼格坚赞传》，影印版收录于《纳·赛西雅拉图文集》(第六卷)，内蒙古科技出版社，2007年，第472页—488页。原版见内蒙古图书馆03372号抄本。

布嘉措。西活佛转世次数亦不明，最后一世活佛生于 1935 年(民国二十四年)，名为阿旺东罗布叶希[1]。阐化寺喇嘛最多时达 700 人。阐化寺建筑毁于"文化大革命"期间。

嘉佑寺位于现今巴林右旗巴彦塔拉苏木布日嘎苏台山南面的古尔古拉台河西岸。1753 年(乾隆十八年)，被圈禁在古尔古拉台地方的淑慧公主之孙齐达齐建立了嘉佑寺。1769 年(乾隆三十四年)，齐达齐圆寂，他的转世名为洛桑丹津，6 岁时坐床嘉佑寺。洛桑丹津曾到塔尔寺和西藏学佛，回巴林时从西藏请来《甘珠尔》经 108 卷，又扩建了该寺，御赐"嘉佑寺"匾。蒙古名"yekede ibegeltü süm-e"。该寺香火最旺时喇嘛人数多达 500 人，活佛共转世六世。据悉 1949 年时该寺有 70 多名喇嘛，"文革"开始时有 15 名喇嘛[2]。寺中曾有红铜佛 1010 尊、黄铜佛 1000 尊、泥佛 31 尊、唐卡佛像 32 幅、藏文经书 186 卷、蒙文佛经 101 卷[3]。"文化大革命"结束时，该寺已荡然无存。

除了四大寺庙，清代巴林右旗比较大的寺庙还有重庆寺。蒙古名"dabqur bayasqulangtu süm-e"。重庆寺因建立在名为洪格尔的地方，所以又叫做洪格尔寺。重庆寺是由巴林右旗弘吉剌十苏木台吉贡沁宁布等人与属民共同协商后在名为"三座丘"(γurban tobu)的地方所建寺庙，它是编入巴林右旗的弘吉剌人共同的寺庙，于康熙四十九年(1710)年建成[4]。根据《旧氏族

---

① 道尔吉桑布编著:《巴林文史丛书·巴林右旗寺庙专辑》，第 37 页。

② 同上，第 50 页。

③ 嘎拉增、呼格吉勒图、巴图巴雅尔:《昭乌达寺院》，第 194 页。

④ 贺·孟和吉日嘎拉:《巴林文史荟萃》，内蒙古文化出版社，2011 年，第 131 页。

谱》，寺庙建成后从巴林右旗东、西两庙请来20名僧人，又从西庙圆会寺求来10名度牒名额。据说该寺供奉有宗喀巴等佛像，还保存着蒙古文和藏文《甘珠尔》经。香火最旺时有500多名喇嘛。该寺有三个活佛，其中一位活佛共转世四世，另外两位活佛分别转世三世[①]。该寺在“文革”中遭到破坏，现在其遗址在洪格尔苏木政府附近。

三、两位具有传奇色彩的弘法者

《旧氏族谱》中对于巴林右旗两个宗教人物的生平事迹做了较为详细的记述。其一是淑慧公主之孙齐达齐诺颜。这位在前半生骄横跋扈，惹是生非的黄金家族公子遇到命运的转折，蜕变成一位饱学经书的得道高僧，建立了嘉佑寺，他在巴林右旗和翁牛特左旗拥有众多的施主。其二便是著名的锡呼图·固什·却尔吉喇嘛格呼格坚赞。他是巴林右旗圆会寺最后一任扎萨克喇嘛，在巴林右旗的佛教史上有着举足轻重的地位。清代巴林历史学家拉西彭楚克曾根据格呼格坚赞的口述为他写过传记，这本传记名为《锡呼图·固什·却尔吉喇嘛格呼格坚赞传》(širegetü güüširi čoisrče iǰaγur-un blam-a dege-ligs-rgjlamzan sayin čoγtu-yin gegen-ü namtar süsüg-ün egüden-i negegči kemekü orosiba)[②]。

---

① 嘎拉增、呼格吉勒图、巴图巴雅尔：《昭乌达寺院》，第210页。

② 拉西彭楚克：《锡呼图·固什·却尔吉喇嘛格呼格坚赞传》，第472页—488页。

齐达齐 淑慧公主第四子阿拉布坦次子，一等台吉[①]。此人曾投身于旗内政治斗争，被皇帝降罪削爵，后因与旗扎萨克郡王乌尔衮及夫人荣宪公主产生裂痕，并对其施厌胜诅咒而遭到圈禁。

齐达齐先是向其父阿拉布坦控告其父所娶的格格（齐母）及其子鄂勒德布（齐兄）对乌尔衮王夫人荣宪公主施厌胜诅咒。性格刚烈的阿拉布坦闻后大怒，将格格及其子鄂勒德布上告到理藩院。鄂勒德布被废其台吉爵位[②]。

据说淑慧公主生前留下的金册、诰命和所供奉的佛像都归阿拉布坦的第四子浩毕图所有。浩毕图本为阿拉布坦一等台吉的承袭人，但是由于死后无嗣，阿拉布坦的一等台吉爵位就由齐达齐承袭。齐达齐与自己的亲兄弟争夺起燕支满洲人和两个苏木的属民，争夺失利，就上告旗扎萨克。又因不服扎萨克的判定，上告到昭乌达盟长。后来齐达齐又不服盟长的裁决，就上书皇帝告状。皇帝大怒，斥责其曰：先前希望你改过自新，让你承袭一等台吉爵位，现在居然不但不满足还惹是生非。于是降旨废齐达齐台吉爵位，将其圈禁于室[③]。

可能由于对清帝的惩罚怀恨在心，齐达齐对下嫁乌尔衮郡王的康熙皇帝之女荣宪公主产生了敌意。史料记载，有一次齐达齐趁乌尔衮郡王与荣宪公主在京期间使用厌胜之术对荣宪公主施以诅咒。有人发现后，立马赶赴京城禀报郡王和公主。乌

---

① 拉西彭楚克：《水晶念珠》记载齐达齐为阿拉布坦第三子。第889页。

② 《旧氏族谱》，第32页。

③ 《旧氏族谱》，第35页。

尔衮郡王命侍卫立即搜查，侍卫随即搜出齐达齐诅咒所用厌胜物，禀报乌尔衮郡王确有此事。乌尔衮郡王与荣宪公主二人回旗后彻底查办了此事，查处了实施诅咒的格隆喇嘛，最后将齐达齐驱逐到古尔古拉台地方圈禁[①]。

被赶至古尔古拉台圈禁的齐达齐，痛定思痛，十分懊悔当初的所作所为。于是他决定遁入空门，专心研修佛法，成为了一名僧人。《旧氏族谱》记载："齐达齐诺颜懊悔厌恶先前的罪行，遁入空门，成为僧人，由于潜心修佛而能普度众生，为众生祈福。巴林、翁牛特的众多檀越们汇集而来，尊称其为'师傅诺颜'(baγsi noyan)。"齐达齐在众檀越们的资助下在古尔古拉台建立了一所寺庙，名为嘉佑寺，这是一座三间殿宇的藏式寺庙。此庙后成为巴林右旗四大寺庙之一。1760年(乾隆二十五年)，齐达齐将寺庙扩建为九间殿宇，于当年圆寂，享年70多岁。次年，发现他的转世灵童洛桑丹津，扎萨克亲王琳沁命其师从旗内阐化寺锡呼图喇嘛格呼格坚赞。洛桑丹津曾前往塔尔寺和拉萨学习，学成归来后扩建了嘉佑寺。该寺活佛先后转世六次。第一世为齐达齐，圆寂于1760年(乾隆二十五年)；第二世为洛桑丹津，1798年(嘉庆三年)圆寂，时年38岁；第三世为桑普尔勒嘉措，1855年(光绪十一年)圆寂；第四世为章扬索南嘉措，1879年(光绪五年)圆寂，时年25岁；第五世为洛桑龙都尼玛，1911年(宣统三年)圆寂，享年32岁；第六世为赞丹丹赞，1947年土改时

① 《旧氏族谱》，第35页。

期圆寂，时年 36 岁[1]。

锡呼图·固什·却尔吉喇嘛格呼格坚赞　格呼格坚赞由于坐床阐化寺而被称为锡呼图·固什喇嘛，他是巴林右旗历史上相当有作为的一位喇嘛。

《锡呼图·固什·却尔吉喇嘛格呼格坚赞传》记载，格呼格坚赞是巴林右旗平民巴拜之次子。格呼格坚赞从小聪慧过人，目光犀利，有勇有谋，性格慎稳。1716 年(康熙五十五年)，13 岁时出家为僧。据其传记，1720 年(康熙五十九年)的一个冬天，众喇嘛随鲁班席呼图喇嘛进行古里穆，到吃晚饭时，一个名叫诺尔木的人负责给大家盛饭。到给格呼格坚赞盛饭时，诺尔木问他："你今天念经了吗？你会念经吗?"格呼格坚赞如实回答："不会念经"。于是这位诺尔木就告诉他不会念经的人没饭吃，叫他悄声坐着。此事对年轻的格呼格坚赞造成了巨大的伤害。他回家对父母哭诉其受辱之事，并决心要远走他乡学习佛典。格呼格坚赞的母亲不想让其子远走他乡，就叫他师从旗内一位名叫乌云达赖的喇嘛，从此格呼格坚赞师从乌云达赖学佛。1722 年(康熙六十一年)，乌云达赖喇嘛身患瘟疫，按照蒙古的传统做法，身患瘟疫的人被单独留在自己的毡房里，其他人全体远离患者的毡房，搬迁到较远的地方，一直等到患者痊愈或死去。这时格呼格坚赞却坚守在师傅身旁，并没有随大家离去，他一直照顾乌云达赖喇嘛直至其去世。最后格呼格坚赞自己也被传染上了

---

① 道尔吉桑布编著:《巴林文史丛书·巴林右旗寺庙专辑》，第 51 页。

瘟疫，却奇迹般地活了下来[1]。

1730年(雍正八年)，乌拉特西公旗梅力更召活佛绰尔济喇嘛来到哲理木盟，返回途中经过巴林右旗，格呼格坚赞便随这位绰尔济喇嘛来到呼和浩特崇福寺(小召寺)。格呼格坚赞在这里学习长达两年之久。1732年(雍正十年)，返回巴林右旗后开始为旗内人民祈福和治病。1736年(乾隆元年)，由于“厌倦众施主喧哗之声”，决定退居山崖，在山洞内修行。于是他雇佣两个汉人在乌兰哈达山南凿出一个山洞，在山洞内入定。1739年(乾隆四年)，格呼格坚赞的父亲去世，于是他决定去西藏学佛。1741年(乾隆六年)，他到达西藏，一直到1749年(乾隆十四年)，才重回巴林右旗。此间，格呼格坚赞在哲蚌寺学习，获得然坚巴学位，还曾拜见七世达赖喇嘛与班禅额尔德尼，聆听他们的教诲[2]。

1749年(乾隆十四年)，格呼格坚赞回巴林右旗。此行他还背负着一个重要的任务，那就是为在哲蚌寺学习的内扎萨克蒙古四十九旗喇嘛解决住房的问题，格呼格坚赞自愿承担了这个任务，决定回故乡化缘募款。为此达赖喇嘛赐他“额尔德尼·莫尔根·绰尔济”的称号。回到巴林右旗的格呼格坚赞得到旗扎萨克亲王琳沁的赞赏，于当年命其为该旗坐床喇嘛，于是格呼格坚赞有了锡呼图固什的称号。1750年(乾隆十五年)，格呼格坚赞首先到阿巴嘎、四子王、茂明安、乌拉特三旗以及喀喇沁土默

① 拉西彭楚克:《锡呼图·固什·却尔吉喇嘛格呼格坚赞传》，第473页。

② 同上，第474—478页。

特五旗化缘，得少许银两，又在昭乌达盟化缘得 1000 两银子，在巴林右旗内化缘得 1000 两银子，变卖自己的牲畜又换得 1000 两银子。1752 年（乾隆十七年），他带着这些银两重返西藏。《旧氏族谱》和《格呼格坚赞传》均记载，格呼格坚赞将 1000 两银子捐献给来自内扎萨克蒙古四十九旗的喇嘛建造住房用，将其余 2000 余两银子全部献给了达赖喇嘛和班禅额尔德尼。

1753 年（乾隆十八年），完成任务的格呼格坚赞返回巴林右旗。1758 年（乾隆二十三年），在先前修行的山洞前增建三间殿宇的寺庙，1762 年（乾隆二十七年）理藩院赐该寺“阐化寺”匾，并赐二十名度牒[1]。该寺成为巴林右旗四大寺庙之一。1770 年（乾隆三十五年），巴林右旗扎萨克郡王巴图偕同格呼格坚赞邀请来喀喇沁的拉卜楞寺活佛嘉木样协巴活佛来巴林右旗弘法，在阐化寺举行了盛大的法会[2]。

锡呼图·固什·却尔吉共转世 12 次。除了最后一世活佛，其他的转世活佛并没有留下太多历史资料。最后一世活佛生于 1913 年（民国二年），名为嘎拉僧普尔赉嘉措，俗称胖活佛（tarγun gegen）。他是一位非常杰出的蒙医，专治精神类疾病和各种疑难杂症。在“满洲国”时期，曾任兴安西省佛教协会理事，鼓励年轻喇嘛们学习蒙古文。1941 年（民国三十年），曾于荟福寺开设学习班，教授喇嘛学习蒙古文。嘎拉僧普尔赉嘉措一生致力于蒙医事业，1947 年曾在圆会寺建立过“喇嘛医院”。20 世

---

① 拉西彭楚克：《锡呼图·固什·却尔吉喇嘛格呼格坚赞传》，第 481 页。

② 《旧氏族谱》，第 56 页。

纪50年代，嘎僧普尔赉嘉措以身作则，协助当地政府建立“巴林右旗合作中心医院”，当时巴林右旗中心医院的主要医生均为嘎拉僧普尔赉嘉措领导的蒙医[①]。

第二节 蒙古文《甘珠尔》经的抄写与蒙古语诵经传统

早在14世纪，蒙古人已经开始了对藏传佛教经典《甘珠尔》的翻译。但最早的全译《甘珠尔》产生于北元时代。1602—1607年期间，在土默特俺答汗长孙那木岱·楚鲁格·洪太吉、三娘子钟根哈敦及温布洪台吉的倡议下，由锡埒图·固什·绰尔济和阿优希·固什等著名译经师领导右翼三万户的众译经喇嘛完成了全部《甘珠尔》经的蒙译[②]。1628—1629年期间，贡嘎斡杰尔等人奉林丹汗之命带领左翼三万户的33名杰出译经喇嘛对《甘珠尔》经进行了第二次全译[③]。

入清以后，《甘珠尔》经的蒙译以及木刻出版主要是以京城为中心进行的。1717年（康熙五十六年），康熙皇帝降旨刻制蒙文《甘珠尔》经的木刻版[④]。

① 嘎拉增、呼格吉勒图、巴图巴雅尔：《昭乌达盟寺院》，第169页。

② 乌·托娅《蒙古文出版史》，内蒙古教育出版社，2009年12月，第172页。

③ 同上。第173页。

④ 贺西格陶格套：《蒙古古典文学研究新理论》内蒙古人民出版社，1998年，第409页。

在木刻版《甘珠尔》出现之前，蒙文《甘珠尔》经的复制与传播全部依靠手抄。据《旧氏族谱》记载，淑慧公主曾斥资一万两白银命人到京城抄写108卷蒙文《甘珠尔》经。抄写《甘珠尔》经的过程花费了三年时间。淑慧公主命抄经者将自己与四子的名字写在经文结尾处，将翻译好的蒙文《甘珠尔》经放在新建成的圆会寺中供奉。《甘珠尔》是清代内扎萨克蒙古寺庙中供奉的重要佛教经典，很多寺庙都供奉着蒙文《甘珠尔》经。荣宪公主在最初建成荟福寺时，寺中没有可供奉的经文，就将淑慧公主供奉在圆会寺的蒙古文《甘珠尔》拿到荟福寺中[1]。乾隆年间淑慧公主之孙根敦扎布患病，其母三太太花费一千两白银从京城请来《甘珠尔》经以消灾祈福。身患重病的根敦扎布在《甘珠尔》经到来之前就撒手人寰，于是三太太命喇嘛格呼格坚赞以及东西两庙的全体喇嘛诵读全部蒙古文《甘珠尔》经，之后将其供奉在圆会寺中[2]。桑里达任旗扎萨克时期，也曾花一千余两白银请来蒙古文《甘珠尔》经。《甘珠尔》经到来时，邀请东西两寺的喇嘛诵经，喇嘛们纷纷献上哈达、银钱、绸缎、砖茶和若干佛经包布。除了《甘珠尔》经，《丹珠尔》经也是藏传佛教的重要经典。1791年（乾隆五十六年），巴林右旗扎萨克曾从卓索图盟喀喇沁请来225函蒙古文《丹珠尔》经供奉在荟福寺中。此后全旗喇嘛每年集会两次，每次用时三天来诵读蒙古文《丹珠尔》经[3]。

[1] 嘎拉增、呼格吉勒图、巴图巴雅尔:《昭乌达盟寺院》,第183页。

[2] 《旧氏族谱》,第43页。

[3] 嘎拉增、呼格吉勒图、巴图巴雅尔:《昭乌达盟寺院》,第198页。

巴林右旗自第一世内齐托音来东蒙古传教时就已经开始用蒙古文诵经[1]。有了蒙古文《甘珠尔》经后，旗内喇嘛开始诵读蒙古文《甘珠尔》经。蒙古文《甘珠尔》具有显著的蒙古语言和思维特色。这得益于译经师们对蒙、藏、梵等语言文字的娴熟掌握和通透五明的高超智慧。拥有蒙古文佛经的巴林右旗喇嘛们有了能够更深刻地理解和运用佛教经典中的知识的条件。《甘珠尔》、《丹珠尔》等经文所蕴含的语言、文学、历史、医学、哲学、伦理、艺术、音乐、天文、地理、易学、建筑学等方面的内容无疑深深影响了蒙古人，促进了蒙古地方科学文化水平的提高。

蒙古文佛教经典也成为巴林右旗佛教徒们传教的重要经典。《旧氏族谱》记载，淑慧公主曾“由于怜悯陪嫁来的锡伯和卦尔察人没有信仰，下令将蒙文甘珠尔经赠予燕支满洲人”[2]。锡伯人和卦尔察人均为通古斯语族，锡伯人长久以来生活在东北，卦尔察人则在明代的时候隶属于东海女真[3]，锡伯人和卦尔察人都信仰萨满教。淑慧公主赏赐《甘珠尔》经给他们，让他们改信藏传佛教。巴林右旗首位“扎萨克大喇嘛”额尔德尼圆寂后由他的一名弟子接替其职位，他也被称为“鄂尔德尼扎萨克喇嘛”。这位鄂尔德尼扎萨克喇嘛正是一个燕支满洲人[4]。而旗里的蒙古老喇嘛们在淑慧公主赠锡伯人和卦尔察人蒙文《甘珠尔》经时，显得有些吝啬，他们声称“甘珠尔经是我们很久以来供奉的

① 《旧氏族谱》，第 25 页。
② 同上，第 26 页。
③ 胡日查、长命：《科尔沁蒙古史略》，第 261 页。
④ 《旧氏族谱》，第 31 页。

佛典”，就留下了其中的十二部《大般若经》[1]。

乾隆时期，随着旗内一些喇嘛到西藏各大寺庙、塔尔寺、拉卜楞寺、雍和宫等大寺庙学佛归来，一些藏文经书开始被带回了巴林右旗，与此同时，通晓藏语的喇嘛开始提倡用藏文诵经。到雍和宫当喇嘛的叶希桑布，后来从哲蚌寺学成归来。他向当时的扎萨克郡王巴图提议，巴林右旗四大庙的喇嘛应该用藏文集体诵经。巴图郡王咨询旗扎萨克喇嘛格呼格坚赞，格呼格坚赞认为这个提议非常好，于是由叶希桑布和另一名喇嘛组织，对每年举行的六月庙会进行了改革，庙会举行之时，巴林右旗四大庙改用藏文集体诵经[2]。1872 年（同治十一年），喇嘛洛桑丹必旺楚克从西藏带回藏文《甘珠尔》108 函，供奉在《荟福寺》中[3]。

在清代少数几个用蒙文诵经的寺庙中，圆会寺和荟福寺曾占有一席之地。藏文诵经开始流行后，这两个寺逐渐不再用蒙文诵经。根据笔者的调查，现今荟福寺内藏有少量的蒙文经书。寺中喇嘛有时会按照某些施主的要求为其念诵蒙文经书[4]。

---

① 同上，第 26 页。

② 同上，第 54 页。

③ 嘎拉增、呼格吉勒图、巴图巴雅尔：《昭乌达盟寺院》，第 200 页。

④ 荟福寺喇嘛布赫提供资料，2014 年 4 月 9 日笔者于巴林右旗大板镇荟福寺采访。

结　语

满蒙联姻是爱新国和清朝实行了近300年的一项国策，通过与蒙古贵族建立联姻关系，清皇室使蒙古贵族与其产生血缘关系，从而达到收服、怀柔和拉拢的目的。满蒙联姻对于蒙旗带来的影响是巨大的。它不仅仅反映在蒙古黄金家族成员亲缘关系的变化上，还包含了蒙旗的政治、经济、宗教信仰、文化和民生等方方面面的连锁性变化。

淑慧公主与色布腾的联姻是一个极好的例子，因此本文从这一例作为切入点，试图分析与探讨满蒙联姻产生于蒙旗的具体影响。在此工作中，蒙古文文献的发现与利用是具有特殊意义的。

此外，清代牒谱资料《玉牒》的利用是必不可少的。由于中国第一历史档案馆近两年不再向读者开放玉牒原件，只能阅览有限的几卷《玉牒》缩微胶卷，因此本文仍有大量有关满蒙双方婚姻情况的资料未能从《玉牒》直接获取，实为可惜。希望今后有机会深入研读《玉牒》资料。

淑慧公主与色布腾之间的联姻对于巴林右旗的影响主要有以下几点：

一，淑慧公主的下嫁与巴林右旗统治层的构建关系重大。有清一代的巴林右旗王公均出自公主之后。公主的四子及其后代成为巴林右旗最重要的爵位拥有者，形成了著名的四门台吉势力。

二，淑慧公主与巴林右旗人口成分的变化有直接关系。在淑慧公主奏请下编入巴林右旗的弘吉剌部十苏成为巴林右旗人口的一大组成部分。同时，跟随淑慧公主而来的随嫁团体燕支满洲人也成为巴林右旗人口的重要部分。关于弘吉剌余部编入巴林右旗的历史，除了本文中利用的《旧氏族谱》和《孛儿只斤塔本浩特族谱》，如果发现新的满蒙文史料还可以做更深入的研究。关于燕支满洲人的族源问题，笔者认为还可以利用田野调查的方式来获取更多相关的信息。

三，淑慧公主在巴林右旗大兴佛教。内齐托音一世晚年在东蒙古传教时，藏传佛教在巴林部得到更广泛的传播。淑慧公主下嫁巴林右旗之后开始大兴佛教，修建了巴林第一座佛教寺庙一圆会寺，花费巨资命人从北京抄写蒙文甘珠尔经。在淑慧公主以及巴林右旗上层贵族的极力扶植下，藏传佛教在巴林右旗得到了极好的发展。

经历了近代以来的社会大变革，巴林右旗的公主陵以及寺庙等历史文物曾遭到毁灭性的破坏。近年来因民族文化的复兴和地方旅游业开发的需要，这些历史文物开始逐渐地被重建。这一切似乎在表明，研究这段历史不仅是历史学的需要，还与现实社会密切相关。而文献考证和田野调查的结合，将是此项研究工作取得成效的基础。

参考文献

一、文献史料

1.《尊贵公主妈妈之王公旧氏族谱》(erkim degedü güngǰü mama-yin wang noyad-un qaγucin-u ündüsün-ü bičig),《纳·赛西雅拉图文集(第六卷)》,内蒙古科技出版社,2007 年。

2.《列祖女孙值档玉牒》,《小玉牒》,玉 123 号,中国第一历史档案馆藏。

3.《满文原档》,台湾故宫博物院出版,2006 年。

4.《满文老档》(日译本),东洋文库丛刊第十二,昭和三十一年(1956 年)。

5.《满文老档》(汉译本),中华书局,1990 年。

6. 中国第一历史档案馆编:《清朝前期理藩院满蒙文题本》,内蒙古人民出版社,2010 年。

7.《康熙朝满文朱批奏折全译》,中国社会科学出版社,1996 年。

8.(清)《圣祖仁皇帝御制文集》,四库全书文渊阁本。

9. 唐邦治《清皇室四谱》,《近代中国史料丛刊·初编·第八集》台北文海出版社,1966 年。

10. 善巴:《阿萨喇克齐史》,乌云毕力格《阿萨喇克其史研究》,中央民族大学出版社,2009 年。

11. 拉西彭楚克著 胡和温都尔校译:《水晶念珠》,内蒙古人民出版社,1985 年。

12. 答里麻著 乔吉校注:《金轮千辐》,内蒙古人民出版社,2000 年 10 月。

13. 金峰整理:《漠南大活佛传》,内蒙古文化出版社,2009 年 12 月。

14. 中国社会科学院中国边疆史地研究中心编:《清代蒙古高僧传译辑》,全国图书馆文献微缩复制中心出版,1990 年 1 月。

15. 拉西彭楚克 :《锡呼图·固什·却尔吉喇嘛格哷格坚赞传》,影印版收录于《纳·赛西雅拉图文集(第六卷)》,内蒙古科技出版社,2007 年。

16. 康熙朝《大清会典》,《近代中国史料丛刊三编》,台北文海出版社。

17.(乾隆)《理藩院则例》,西藏历史汉文文献丛刊本,中国藏学出版社,2006 年。

18.(乾隆)《大清一统志》,四库全书文渊阁本。

19.《钦定外藩蒙古回部王公表传》,四库全书文渊阁本。

20.《钦定续纂外藩蒙古回部王公传》,武英殿本。

21. 张穆:《蒙古游牧记》,《国学基本丛书》本,商务印书馆,

1938 年。

22. 瞿九思:《万历武功录》,《续修四库全书》本,上海古籍出版社,2002 年。

23. 薄音湖、王雄编辑点校:《明代蒙古汉辑史料汇编第二辑》,内蒙古大学出版社,2006 年。

24. 薄音湖编辑点校:《明代蒙古汉辑史料汇编第四辑》,内蒙古大学出版社,2007 年。

25.《清实录》(影印本),中华书局,1987 年。

26. 齐木德道尔吉、巴根那编:《清朝太祖太宗世祖朝实录蒙古史史料抄》,内蒙古大学出版社,2001 年。

27. 齐木德道尔吉、黑龙、宝山、哈斯巴根、任爱君编:《清朝圣祖朝实录蒙古史史料抄》(上)(下)内蒙古大学出版社,2003 年。

28. 齐木德道尔吉、乌云格日勒、田军编:《清朝世宗朝实录蒙古史史料抄》,内蒙古大学出版社,2009 年。

29. 温达等撰:《亲征平定朔漠方略》,中国藏学出版社,1994 年。

30. 魏源《圣武记》中华书局点校本,1984 年。

31.《钦定热河志》,四库全书文渊阁本。

32. 清史馆修:《清史稿》,中华书局,1979 年。

33. 阿·马·波兹德涅夫著 刘汉明等译《蒙古及蒙古人》(第二卷),内蒙古人民出版社,1983 年

34.《巴林右旗志》编纂委员会:《巴林右旗志》,内蒙古人民

出版社,1990 年 4 月。

35. 巴林右旗文史资料委员会:《巴林右旗文史资料第一辑》,内部印刷,1985 年 9 月。

36.《巴林右旗文史资料第二辑》内部印刷,1991 年。

37. 王兴贵,穆松:《巴林右旗文史资料第三辑》,内蒙古文化出版社,1997 年。

38.《巴林右旗文史资料第五辑》内部印刷,2002 年。

39.《红山文史第四集》中国人民政府协商会议赤峰市红山区委员会,1991 年。

40.《红山文史第五集》中国人民政府协商会议赤峰市红山区委员会,1991 年。

二、著作(以出版年代排序)

1. 谭其骧主主编:《中国历史地图集第八册清时期》,地图出版社,1987 年。

2. 嘎拉增、呼格吉勒图、巴图巴雅尔编著:《昭乌达盟寺院》,内蒙古文化出版社,1994 年。

3. 达力扎布:《明代漠南蒙古历史研究》,内蒙古文化出版社,1998 年 1 月。

4. 贺西格陶格套:《蒙古古典文学研究新理论》内蒙古人民出版社,1998 年。

5. 定宜庄《满族的妇女生活与婚姻制度研究》,北京大学出版社,1999 年。

6. 胡日查、长命:《科尔沁蒙古史略》,民族出版社,2001 年。

7. 留金锁等:《蒙古族通史》(中卷)(修订版),民族出版社,2001年。

8、10. 乌云毕力格、成崇德、张永江著《蒙古民族通史(第四卷)》,内蒙古大学出版社,2002年。

9. 杜家骥《清朝满蒙联姻研究》,人民出版社,2003年9月。

10. 纳沁:《口头叙事与村落传统》,民族出版社,2004年。

11. 乌云格日勒著《十八至二十世纪初内蒙古城镇研究》,内蒙古人民出版社,2005年。

12. 达力扎布:《蒙古史纲要》,中央民族大学出版社,2006年。

14. 蒙古学百科全书编委会:《蒙古学百科全书(古代史卷)》,内蒙古人民出版社,2007年。

15. 乔吉:《蒙古佛教史》(北元时期1368—1634),内蒙古人民出版社,2008年。

16. 道尔吉桑布:《巴林右旗文史拾贝》,内蒙古教育出版社,2008年。

17. 乌云毕力格:《阿萨喇克其史研究》,中央民族大学出版社,2009年。

18. 金海、其木德道尔吉、胡日查、哈斯巴根:《清代蒙古志》,人民出版社2009年。

19. 胡日查著《清代内蒙古地区寺院经济研究》,辽宁民族出版社,2009年。

20. 乌·托娅《蒙古文出版史》,内蒙古教育出版社,2009

年。

21. 斯琴图等编著:《巴林文史丛书》(第六册),内蒙古文化出版社 2009 年。

22. 道尔吉桑布编著:《巴林文史丛书·巴林右旗寺庙专辑》,内蒙古文化出版社,2009 年。

23. 贺·孟和吉日嘎拉:《珠腊沁文史》,内蒙古文化出版社,2010 年。

24. 楚鲁特木编《昭乌达地名传说》,内蒙古文化出版社,2010 年。

25. 苏日嘎拉吐:《巴林传奇人物》,内蒙古人民出版社,2010 年。

26. 贺·孟和吉日嘎拉《巴林文史荟萃》,内蒙古文化出版社,2011 年。

27. 恩和巴图,贺其叶勒图:《巴林传统文化观止》,内蒙古科技出版社,2011 年。

28. 道尔吉桑布:《巴林苍史采撷》,内蒙古文化出版社,2011 年。

29. 乔吉:《内蒙古藏传佛教寺院》,甘肃民族出版社,2013 年。

30. 纳·宝音贺希格:《巴林史书》,内蒙古文化出版社,2013 年。

31. 孟和巴雅尔:《孛儿只斤塔本浩特族谱》,内蒙古人民出版社,2013 年。

32. [日]和田清著 潘世宪译:《明代蒙古史论集》,商务印书馆,1984年。

33. [日]田山茂著,宝音德勒格尔译:《清代蒙古社会制度》内蒙古文化出版社,1988年。

34. Elliot ,Mark C. The Manchu Way. Stanford University press. 2001.

35. [美]罗友枝著,周卫平译:《清代宫廷社会史》中国人民大学出版社,2009年。

三、论文(以发表年代排序)

1. 王树卿:《清代公主》,载《故宫博物院院刊》,1982年第3期。

2. 华立《清代的满蒙联姻》,载《民族研究》,1983年第2期。

3. 吴元丰,赵志强:《锡伯族由科尔沁蒙古旗编入满洲八旗始末》,载《民族研究》1984年第5期。

4. 奥登:《喀尔喀五部考述》,载《蒙古史研究》第二辑,内蒙古人民出版社,1986年12月。

5. 庄吉发《清太祖太宗时期满蒙联姻的过程及其意义》,载《清史论集二》,1986年。

6. 乔吉: Ein neugefundenes Werk des Rasipungsuh , Asiatische Forschungen, Otto Harrassowiz • Wiesbaden 1989

7. 白凤岐:《清代蒙古族与锡伯族的关系》,载《满学研究》,1990年第3期。

8. 阎崇年:《康熙皇帝与木兰围场》,载《故宫博物院院刊》,1994年第2期。

9. 刘潞《清太祖太宗时满蒙联姻考》,载《故宫博物院院刊》,1995 年第 3 期。

10. 刘潞《对清太祖太宗时满蒙联姻的再认识》,载《清史研究》,1995 年第 3 期。

11. 王静芳《清代满蒙联姻的三个阶段及其特点》,载《内蒙古大学学报》,2000 年第 1 期。

12. 齐木德道尔吉:《首次亲征噶尔丹时的康熙皇帝》,载《满学研究》第五辑,民族出版社,2000 年 12 月。

13. 纳钦:《蒙古村落多层次信仰——珠腊沁村传说与祭祀民俗个案研究》,中央民族大学 2003 年博士论文。

14. 白初一:《清太祖时期满蒙关系若干问题研究》,内蒙古大学 2005 年博士论文。

15. 杜家骥:《清代东北锡伯族的编旗及其变迁》,载《求是学刊》,2006 年第 3 期。

16. 宝音德力根:《1628 年爱新国贵族与蒙古贵族订立的一份婚约文书》,载 Questions Mongolorum Disputatae(QMD),2006 年第 2 期。

17. 李晓莉:《满族皇室婚姻制度研究》,西南政法大学 2008 年硕士学位论文。

18. 格日勒塔娜:《20 世纪前 30 年巴林左右二旗土地开垦》,内蒙古大学 2008 年硕士论文。

19. 布和 :《衙木公主及衙木沁人》,内蒙古大学 2009 年硕士论文。

20. 肖锐《浅论清朝的满蒙联姻政策》,载《满族研究》,2010年第1期。

21. 王力:《关于内齐托音一世的几个问题》,载《世界宗教研究》,2011年第一期。

22. 塔娜:《清代巴林部二旗人文地理变迁研究》,内蒙古大学2013年硕士论文。

后 记

此书由本人的硕士论文修改而成，虽然篇幅不多，却在许多人的关怀帮助下最终得以出版。在此我想对所有为本人提供过宝贵知识和热情帮助的人表示深深的感谢。首先我要衷心地感谢我的导师乌云格日勒教授。老师在我人生困难又彷徨的时期收我为徒，严格要求我、鼓励我、为我指明了今后的方向。我的老师在百忙之中，指导着我的毕业论文，一字一句地帮我修改，要求我认真修改。她的兢兢业业、严谨踏实的治实态度深深地感染着我，是我终身的学习榜样。我还要感谢齐木德道尔吉教授、照日格图教授以及蒙古学中心和蒙古历史学系的全体恩师。感谢老师们对我几年以来的教导与鼓励。

我还要感谢呼日勒巴特老师在论文选题时给出的宝贵意见与建议。在此书完成过程中，乔吉老师、杜家骥老师、乌云毕力格老师、胡日查老师等老师曾为我提供他们宝贵的知识。在此衷心的感谢他们。感谢赤峰市巴林右旗民族事务委员会的孟和吉日嘎拉先生以及原巴林右旗统计局干部胡·斯琴毕力格先生提供的帮助。感谢斯琴巴特尔先生和王硕老师在满语方面的指导。感谢赤峰市巴林右旗人民政府斯钦图先生的关心和支持。最后，我要感谢我的父母，千言万语不足以表达我的感谢之情。我会继承他们的事业，我会一直努力。